新时期领导干部能力建设丛书

总主编 孙庆聚

提高领导干部依法行政能力

张荣臣 谢英芬 李勇进 主编

谢英芬 吉龙华 著

中国方正出版社

目　录

第一章

天上人间皆有序

——增强法的意识

法存在的必然性

法，从其作用的本质来说，既是一种秩序，又是秩序得以实施的保障。天上人间，大千世界，秩序的存在具有普遍性。

在动物世界中，虽然其没有人类的道德情感，虽然它们为了食物而相互厮杀，但它们又相互依赖。一只老虎在饥饿时会去捕吃其他野兽，但它的欲望仅仅以吃饱为限，它既不会在某种欲望支配下“滥杀无辜”，也不会为了“囤积钱财”去把所有动物捕杀。动物也知道哪里是自己的“领地”，哪里不是自己的“势力范围”，因而当有其他动物闯入自己的“领地”时，它就会奋起反抗，而那个“入侵”者则往往在还没有进行真正的角斗之前就跑开，因为它清楚地知道自己不应当跑到“别人”的地盘上去。这就是秩序。

在自然界中，地球在基本固定的轨迹中始终环绕着太阳运行，季节也总是有规律地变换着，这就使人们能够在丰收的季节里为其他季节准备好食物。自然界的组成，如水、火及化学物质等，多少都具有某些恒久不变的特性，这些特性则使我们能够依靠它而生存，使我们能够预测出它们的效用。例如，水被冷却到一定温度后会变成固体，而水被加热到一定温度后就会变成水蒸气。我们对自然界的整个控制，就是以对自然规律的把握为依据的。因此我们可以说，秩序就是事物本身的存在状态。

在人类以及经济社会生活中，秩序也起着极为重要的作用。大多数人在安排他们自己的生活时，都是在一定的时间工作，在一定的时间休息；在经济社会生活中，人们都要有组织有计划地进行分工、合作，而且为了保证这种分工、合作的正常进行，都要制定一定的规则来约束人们。随着社会的进步、人口的增长、生活方式的多样化，社会关系日趋复杂，按规则行事成为必然。如在路上，汽车受阻，大家刚开始都不愿意管“闲事”，都争先恐后地为自己寻找通道，由于失去了秩序和规则，使道路越堵越死，大家都无法通过。这时，肯定会有人站出来维持秩序，而大家都听从他的指挥，从而疏通堵塞，保障道路的畅通。这就十分突出地体现出了秩序和规则的重要性。

为什么人们要按规则行事呢？一是人们有重复过去经验的心理取向。因为经验，可以增强人们的预测性，而在经验当中蕴涵着秩序、规则。二是与人们自身的利益相关。人有多种需求，一般情况下，一个需求满足后就会产生一个新的需求，新的需求当然要有一定的确定性，就是说是通过努力能够实现的需求，如果是不确定的、无法预测的，通过努力也无法实现的，人们也就难以产生新的需求。因此，规则能够指导人们如何实现自己的利益或至少不损害自己的利益。

可见，人间的规则、秩序根源于人们的生活本身，它是宇宙秩序的一部分，是普遍存在的。需要强调的是，人类社会的秩序、规则的最高层次，就是法律。也可以说法律规则是一种影响最大的规则。这种规则与自然规则不同，它是人自己有意识有目的规定的，是针对人的行为的，它与宗教、道德等规则也不同：

第一，法律规则是事先规定的、普遍的，从而与那些即时性的个人意志相区别。由于法律规则是事先规定的，这本身就意味着不涉及过去的行为，恰恰相反，它是根据过去的经验加上对未来的预期为人们提供一个行为的标准，人们据此来安排自己的事务、调节自己的行为。由于它是指向将来的，而将来情况的不确定性，排除了对某个具体的人或事的针对性，因而具有普遍性，这种普遍性往往还与它支配的地域范围相适应。权力则不同，它是一个人将自己的意志强加在他人身上的能力，总是意味着一个人可以对他人直接地实施某种强制；它强调对某个人意志的服从，当不服从时能够直接地采取一定的惩罚措施，这里面充斥着个人主观性，带有很大的随意性、任意性；人们对这个掌有权力的人如何行使权力、何时行使都无法预期，从而表现出不确定性来。古代有“伴君如伴虎”的格言，表明了权力的这种神秘莫测的特点。

第二，法律规则是公开的、确定的，从而使人们能够据此来安排自己的事务。正因为法律规则是事先规定的，从而也是公开的、确定的。人们要按照法律规则行事，前提是要有这些规则的存在，并按照通常的方式让人们知道它。这种公开性排除了那种即时性的直接宣告的要求、命令、强制。要使人们能够按规则行事，规则还必须对人们如何行为，以及违反的后果加以明确，确切要求人们可以做什么、不可以做什么、必须做什么，以及不按照要求做的后果。正因如此，它才具有一定的稳定性，并产生调整人们关系的作用。

第三，法律规则是具有强制性的、权威性的，从而与道德、信念等内心自觉不同。有了规则，但如果有人不遵守，势必构成对规则存在的威胁，从而丧失规则本身的功用。为了保证规则的执行，还要有制裁，即人为的强制。在习惯性、道德性规则的遵守上，主要靠行为人内在的觉悟和社会成员对违反者的蔑视、孤立、不认同等排斥方式来促使其遵守；对法律规则的遵守，则要由一个权威机构和一些专门人员对遵守或违反行为加以认定，最后对那些违反者给予必要的惩罚，从而树立起权威，把社会纳入到共同的秩序里。

因此，法是人们必须遵守的、规范人的行为的最高层面的秩序、规则。正因为有了法，正因为人们都必须遵守法，所以才能使人类社会按照一定的秩序和规则来延续和发展。

法律的作用

法律能做什么呢？人们为什么要事先制定法律，而且必须遵守法律呢？这要从法律本身的作用谈起。如果说规则是事物本身存在的状态，那么法律规则自然应当是社会本身存在的状态，实际上人与人的关系也确实是靠法律规则联系的。那么，具体地讲，法律有什么作用呢？

第一，法律能改变人们的习惯。二战时，美军占领日本后，据说占领军司令部宣布了一个关于汽车右向行驶的法律。当时，每个开车的人，晚上吃饭睡觉想的问题是第二天不要忘记朝右向驾驶汽车、不要违反这一规定，结果，人们很快改变了左向行驶的习惯。2004 年 5 月 1 日我国的《道路交通安全法》正式开始实施，根据这一法律的规定，驾驶员和乘坐人员应当按规定系安全带。过去，只是规定驾驶员在高速公路上行驶必须系安全带，现在只要是在道路上开车就要系。该法实施后驾驶员、乘坐人都不太习惯，可是，不系安全带驾驶员就要被处罚，人们开车时也就注意系安全带的事，驾驶员也会注意提醒乘坐的人系，一段时间以后，大家也就习惯了。可见，法律能够改变人们的习惯、创造新的习惯。

第二，法律能维护公众利益。在“非典”时期，根据规定，乘坐汽车、火车、飞机等进出省外或有的地区要进行体温检查，发现体温不正常的要隔离观察等等，对这一切大家基本都能接受。何以如此？因为大家都理解政府的这些措施旨在维护大家共同的利益，因而能够、也必须接受这些检查、措施。可见，法律能维护公众利益，大家也愿意遵守法律，从而使自己的利益得到维护。

第三，法律是民主的保证。公民民主观念的养成、社会民主制度的落实，都要建立在良好的法律秩序之上。以农村为例，根据《村民委员会组织法》的规定，村民实行自治，村干部都要由村民选举产生，于是在农村普遍实行了民主选举，尽管还存在不少问题，但毕竟村民在很大程度上可以左右自己的领导人了。可见，法律能够增强人们支配自己的能力。

第四，法律是判断是非的标准。现在是一个利益多元化的社会，同时人们价值标准也各有不同。有两个女子在公园划船，不慎落水，一个男子奋不顾身进行救助，结果不幸淹死，但这两个女子却不承认是这个男子救的她们，反而说是他自己掉在水里淹死的，死者家属是想赖在她们身上。死者家属认为，别人因为救你们而失去了宝贵的生命，而你们竟然连承认都不愿意，真是一点道德都不讲。大家都可以在道义上谴责这两个女子，但到底是男子因为救人淹死的还是自己不小心淹死的呢？还得法律说了算。后来死者家属诉到法院要求赔偿，法院经审理认定，该男子系抢救这两个女子而淹死的，以民法上紧急避险的原理，判决这两个女子赔偿死者家属损失。死者家属说："主要是讨一个公道。"可见，法律能够作为人们判断是非的标准。这种事在生活中很多。一个农民家的一头小牛丢了，一天赶集，发现邻村的一个人家正在卖一头小牛，他越看越像自己家的那一头牛，便去索要。那个人不承认，于是，这个农民诉至法院。一审败诉，在二审中，通过对小牛做"亲子鉴定"，证明那头小牛系失主家母牛所生，最终判决返还失主。虽然这个农民为了要回小牛花费颇大，但"就是为了一个名声"。

第五，法律可以维护个人的合法权益。一个人从一幢居民楼前路过，结果楼上掉下数片花盆碎片把他眼睛砸伤，但那个单元的十几户人家没有一户承认是自己丢的，受害人为了维护自己的合法权益，不得已诉至法院，经审理，除了底层的几户外，凡是不能举证证明自己没有责任的，由他们共同赔偿。可见，法律可以维护个人的合法权益。

第六，法律可以解决纠纷。一个小孩在一个民办幼儿园不知怎么喝下煤油，致使其气管损伤，小孩的家长与办园的老师协商，老师不愿赔偿，后经法院判决赔偿该家长6万多元，但这个老师为了逃避赔偿，把幼儿园卖掉"蒸发了"，后来法院找到她，她仍然不履行赔偿义务，经过几次司法拘留，她才拿出钱来。可见，法律具有强制力。一个饭店成为某个乡的定点"食堂"，乡干部吃了一年下来，欠下这个小饭店2万多元，但都挂在饭店的账上，后来换了乡长，店主找新乡长要钱，这个乡长以"新官不理旧事"为由拒付，店主只得起诉，法院判决乡政府连同利息一同赔偿。可见，解决纠纷是法律最基本的功能之一。

……

关于法的作用，我们用具体的事例是无法一一列举出的，但是我们可以把其高度概括，这就是：法律可以体现正义、自由、人权、平等、秩序和效益等一些基本的价值，并促使人们用这些价值观念来约束和规范自己的行为。

人性与法律

关于法律的作用以及法的重要性，从历史上看来，并非在任何时期都是一致的，其争论的焦点就是人性与法律在治理国家中哪个更管用。

在我国古代，孔子对人性没有明确说明性善性恶，只说“性相近也，习相远也”。明确提出人性善的是孟子，“孟子道性善，言必称尧舜”。他还以水喻人性，“人性之善也，犹水之就下也。人无有不善，水无有不下”。在孟子看来，这种人性的“善”也就是人心的仁，“仁，人心也。”他还说：“乃若其情，则可以为善也，乃所谓善也。”他的意思是说，从人的素质来看，可以使他善良，这就是我所说的人性善。孟子把孔子的“仁”变成了人的“善性”。这种“善性”的具体表现就是：“恻隐之心，仁也；羞恶之心，义也；恭敬之心，礼也；是非之心，智也。”这是人们与生俱来的天赋本性，“仁义礼智，非由外铄我也，我固有之也”。可见，在孟子看来，人的本性是善良的，有的人之所以会变得邪恶，主要是后天的生活环境导致的。因此，儒家的代表人物鉴于人性善的基础，主张应当靠人治，靠道德教化。

主张人性恶的是荀子，“故古者圣人以人之性恶，以为偏险而不正，悖乱而不治，故为之立君上之势以临之”。在他看来，趋利避害是人的本性。法家的代表人物韩非认为人人“皆挟自为心”，人要生存，寒则求衣，饥则求食，不能无利。医生用口吮吸病人的伤口，含着病人疮疖的脓血；做车子的工匠，希望人人都享有富贵；做棺材的工匠，希望人早点死亡，都是为利驱使。而且“人民众而货财寡，事力劳而供养薄，故民争”，人多物少再加上人的贪欲，纷争不可避免。因此，法家的代表人物鉴于人性恶的基础，主张应当靠法治，靠法律的严厉制裁的震慑。

人性到底是善还是恶？纯粹的理论争论似乎没有多大意义。但一个基本事实是：人既相互依赖又相互争斗；依赖就要合作，争斗为的是逐利。为了共同的生存利益，就要把争斗保持在一定的界限内。因此，主张人性善的，自有它的道理；但主张人性恶的，也不是没有一点依据。我们只能说，人性之中既有善的成分，又有恶的成分。单纯地强调人性中的“善”，靠人的道德自觉维系社会秩序，往往会面临“道德失灵”的困境。换言之，依靠人性来治理国家，无法彻底解决“最大限度抑制人性中恶的成分”的难题。因为人性是靠不住的。

下面的事例可以充分证明，人性是靠不住的。比如号称“河北第一秘”的李真，中专毕业，从一个农场、油漆厂的科员，自 1989 年以后的短短 5 年里就爬上了河北省委办公厅副主任的位置，38 岁当上省国税局局长。这样辉煌的经历能否使其保持高尚的人性呢？后来的事实证明，他的贪欲就如同他的发迹那样，又快又大，收受贿赂 1000 多万元之巨；在宣判前，记者采访了他，问他走到这一步是不是信念动摇了，他回答：是的，以为有了大权就有了一切。

正因为人性是靠不住的，法律在治理国家中的作用就被推得更高，依法治国才是可取的治国之道。因此，“家”有“家”规、国有国法。国家的秩序，必须而且只能靠法来维系。

法治与人治之别

韩非说："以法治国者强，不以法治国者弱。"秦国在他的理论主张下的确是强大起来了，但衰亡的也快。韩非的"法治"骨子里还是人治——专制主的一人之治。因为他所主张的是专制主用法来治老百姓，而不是治权——专制之权；法在他们眼里是真正的治民之具。我们现在要把他的话改一下：依法治国者强，不依法治国者弱；法首先要治住权，然后才治得住人。

美国政论家潘恩①对此有过精彩的描述，他说，在人治国家里，国王就是法律；在法治国家里，法律便是国王。在人治国家里，统治者或领导者的话就是法。虽然也有法律，但法律经常随着统治者或领导者的改变而改变，经常随着统治者或领导者的看法和注意力的改变而改变，甚至统治者或领导者"言出法随"。法治意味着确立法律在国家生活、社会生活一切重要领域中的极大权威，特别是确立宪法的极大权威。宪法和法律的这种权威不仅表现在要求任何政党、国家机关、社会团体和个人都必须遵守和服从宪法和法律，还要求保证宪法和法律的相对稳定性和连续性，除非在必要的时候国家立法机关可以通过既定的法律程序修改或废除以外，其他任何政党、官员和机构都不能擅自改变宪法和法律。法治意味着要消除任何不受法律限制的国家权力，形成法律支配权力的权力运行秩序。

我们所讲的法治，是与民主相关联的法治。民主是社会主义的本质内涵，法治是民主的制度成果，也是民主的可靠保障。邓小平在总结社会主义历史经验时指出："斯大林严重破坏社会主义法制，毛泽东同志就说过，这样的事件在英、法、美这样的西方国家不可能发生。他虽然

---

① 潘恩（Thomas Paine，1737—1809）：美国独立战争时期政论家，1776年发表《常识》小册子，号召北美殖民地独立，影响极大。另著有《人权论》、《理性时代》等。

认识到这一点，但是由于没有在实际上解决领导制度问题以及其他一些原因，仍然导致了‘文化大革命’的十年浩劫。这个教训是极其深刻的。”①

因此，法治与人治的区别并不是有没有法律，而在于有什么样的法律。在人治国家里，尽管也有法律，但法律是统治者用来驯服老百姓的工具，法律维护的是统治者的特权和对老百姓权利的侵犯和践踏。法治是民主的制度化、法律化，是自由和人权的法律保障。它体现了一种新的法律价值取向，即要求法律体现尊重人的尊严、人格、自由、合理愿望和财产权利，体现平等、公正、公平、正义的精神和价值判断，使普遍的人权原则付诸实施，并且有效地约束国家权力，防止国家权力被滥用。所以，在法治国家里，人们公认“恶法”不是法。法治国家的法律必须以创造、确认和维护公民的基本权利为出发点，在公民权利和国家权力的关系方面，公民权利（包括法人和团体的权利）是国家权力配制和运作的根本目的和界限。公民（法人或团体）在行使权利的过程中，只受法律所规定的限制，而确定这种限制的唯一目的在于保证对其他主体的权利给予应有的同样的承认、尊重和保护。设定国家权力的目的不是为了管制老百姓，更不是说国家权力可以随意侵犯老百姓的权利。法治与人治的区别还在于法律处于什么样的地位，在人治社会里，统治者本身便是权威，在法治国家中，法律才拥有至高无上的权威，绝不允许任何个人、特权凌驾于法律之上。

强调法治与人治的上述主要区别，在于强调我们各级领导干部必须树立法治理念，摒弃人治观念，把实现法治作为一种价值目标来追求，而不应该把法律看成是管制老百姓的手段和工具，不能把领导人说的话当成法，也不能把自己说的话当成法。相对而言，法在老百姓那里是一种权利，在领导干部那里则更是一种责任。领导干部只能在法所允许的范围内行使他的权力，超越这一范围而随意将权力外延，是法律所不允许的。当前人们所关注的“一把手”违法犯罪、中国贪官外逃、金融投资领域腐败高发、大案“窝”案前“腐”后继等现象，说到底是法律在监管权力的运行上有缺陷，解决这些问题，还需从完善法律体系出发。

---

① 《邓小平文选》第2卷，人民出版社1994年版，第333页。

法治即良法之治

亚里士多德认为，法治就是良法之治。即法律得到普遍的遵守，而得到普遍遵守的法律必须是制定的良好的法律。良法能够避免人的偏私，按照规则行事；因为国家权力按照事先公布的、普遍的、明确的、具有强制性法律规则分配、行使，在很大程度上就能真正保证权力的占有者按照多数人的意志行事。为此，良法之治，必须做到以下几点：

第一，法要具有民主性。法的民主性，是指在立法上，法的制定是经多数人同意的、法的内容是代表多数人利益的。民主的实质在于：国家的一切权力来源于人民，受制于人民，当掌权者危害人民、违背人民意志时，人民有能力罢黜他。即人民能以所有者的资格实质性地影响对国家事务、社会事务的决策，真正行使对当政者的选举权、罢免权、监督权，广泛地参与国家事务、社会事务的管理。民主之所以有价值，根本上在于它是一种人的解放，是对普通人的权利和价值的尊重，它能导致真正公平竞争和普遍有效的刺激，保证决策的民主化、科学化，从而实现社会、政治的长期稳定。

民主政治从根本上保证了法律是经多数人同意的，旨在保障多数人权利的；只有认真对待公民权益的法律，才能赢得人们对它的信赖、尊重、支持，从而能够使法律由一种外在的强制变为人们内在的需求。在这一基础上建立的完备的法律制度才不致成为压制人民的工具。在民主制度下，国家权力是在公民的参与和制约下依法运行和操作的，公民与国家机关工作人员是主仆关系、委托人与受托人的关系。这样，政权与社会融为一体，公民以政治主体的身份采取主动的参政行为，影响、支持现行的政治决策和立法，从而大大增强了政治的动力，增强了法律的效能。从这一意义而言，正如哈耶克指出的那样："如果民主不维护法治，民主就不会存续多久。”①

第二，法要具有权威性。法的权威性，是指在法的运用上，执法者必须严格依法办事，在守法上，立法者、执法者、全体公民不得不严格遵守。法的权威性根源于法的客观性，取决于法的实效性。

法的民主性从价值上决定了法的权威性的来源。既然法律是经多数人同意的、反映多数人意志的，一旦制定出来成为人们的行为准则，也就必然要求有至高无上的地位，必须人人遵守，而在这种情况下，法律就具有了一种脱离人的意志、外在于人的“纯客观”的性质，恰如自然规则一样作用于人。这些由人制定的法律对个人行为的影响，与自然规律所能起到的作用是完全相同的。这一过程实际是由意志的统治到法律的统治，即从具有人格色彩的权力的支配到非人格化的法律规则的支配。这就是法的客观性。

法的实效性是指法律规范在实际中得到遵守，能够约束人们的行为。法的实效性在于国家强制力的实施。法律制定出来了，还得靠人去贯彻实施，即对法律事实加以确认，对违法者给予制裁。因此，如果执法者不能严格按照法律的规定行事，徇情枉法或曲解法律的目的和精神，那么法律就丧失了客观公正性，必然成为一部分人的特权，而使另一部分人受到损害。在此情形下，法律就不可能有很大的权威，因为这意味着执法者可以超越法律，而一部分人可由此获利。

法律权威性的有无、大小，法律能否主宰权力，根本的一点在于国家权力的行使者受到法律的约束。否则，在权力高于法的地方，法都是随掌权者的意志被随意塑造的，在这种社会里即使有法也是人格化的、不牢靠的，结果是，人们既无法信赖法律也无法依靠法律，实行人身依附或权力依附似乎比依赖法律更好。因而，在权力高于法律的地方是没有法治可言的。如同哈耶克认为的，法治的理想，既要求国家对他人实施法律——此乃国家唯一的垄断权——亦要求国家根据同一法律行事，从而国家与任何私人一样受着同样的限制，正是所有的规则都平等地运用于人人（也包括统治者在内）这一事实，才使得压制性规则不可能得到采用。

由此可见，一个民族、一个社会，为了稳定和发展，为了安居乐

---

① ［英］哈耶克：《自由秩序原理》，生活·读书·新知三联书店1997年版，第313页。

业，都需要秩序和权威。而这个权威只能是法律治理国家，法律没有至上的权威，必然是君主、领袖个人至上，国家的命运、民族的兴衰必然是以当权者个人的品德、才能和经验为转移。这就要求任何组织、政党、团体都不得有任何超越法律的权力。

第三，法要具有社会性。法的社会性即法律的社会化，是指法律从一种外部的强制逐渐转化为人们的内在需求，从而使全部的社会生活都要靠法律来调节。法的社会性是法的民主性、权威性的内在逻辑结果，包含了质和量两个方面。从质上看，民主基础上所立之法能够保障它是代表多数人利益的，因而是“良法”。良法充分体现了法的价值，因而又是具有最高权威的。因此，当人们服从法律更符合自己的利益、更能实现自己的利益时，就可能从被动遵守法律、从被强制转变为自觉维护法律、积极运用法律。在此情形下，法律不再是治国的手段而是每一个人自身的目的——内在的需要，服从法律就是服从自己，正因为如此，在量上，完备的法律制度才成为必要，成为法治的一个要求。如此，恰是法治的一种理想状态，是民主政治的发展目标。

第二章

没有规矩 不成方圆

——法是行政之规

依法治国成基本方略

法的民主性、权威性和社会性，决定了法能够维护正义、保障平等、实现自由、促进效益、带来秩序，并以人权作为自己的追求，因而法当然是人类文明的成果，从治国方式上讲就是政治文明的体现。1997年，党的十五大把“依法治国，建设社会主义法治国家”确定为党领导人民治理国家的基本方略，标志着我们党的领导方式、执政方式和治国方式的重大进步。1999年3月15日，第九届全国人民代表大会第二次会议通过了《中华人民共和国宪法修正案》，把“中华人民共和国实行依法治国，建设社会主义法治国家”写入宪法第五条。自此，“依法治国”不仅是一个重要的政治规范，而且上升为重要的宪法规范。

中央提出依法治国、建设社会主义法治国家这个方略已经有十余年的时间，这十多年里依法治国观念深入人心，法治实践也有了很大的发展。2007年，胡锦涛总书记所作的十七大报告进一步提出“全面落实依法治国基本方略，加快建设社会主义法治国家”的要求，并从发展社会主义民主政治的高度提出“坚持国家一切权力属于人民，从各个层次、各个领域扩大公民有序政治参与，最广泛地动员和组织人民依法管理国家事务和社会事务、管理经济和文化事业；坚持依法治国基本方略，树立社会主义法治理念，实现国家各项工作法治化，保障公民合法权益”。这些思想和要求对于加快依法治国进程、建设法治国家，无疑具有重要指导意义。但是，十多年的法治实践告诉我们，法治国家的建设是一个长期的过程，从观念到制度，从理想到实践，还有一定的距离，需要付出更多的努力。比如，什么是依法治国，依法治国的重点是什么？对这些关键性的问题，并不是所有的人都十分清楚，因而落实依法治国的方略就不可能不受到影响。

所谓依法治国，“就是广大人民群众在党的领导下，依照宪法和法律规定，通过各种形式和途径管理国家事务，管理经济文化事业，管理社会事务，保证国家各项工作都依法进行，逐步实现社会主义民主的制度化、法律化”。这一定义表明，我们所实施的依法治国基本方略与建设社会主义政治文明的本质及价值理念是完全一致的。

第一，依法治国的主体是“民”而不是“官”。把人民群众作为依法治国的主体，这是社会主义依法治国的本质特征，也是社会主义政治文明的必然要求。依法治国是人民群众依法治理国家，而不是别的什么人或者机构依法治民。法，是人民治理国家的工具，而绝不是什么“防民之具”。否则，法治就会成为地地道道的人治。至于政府官员，他们与人民的关系是从属关系，只不过是人民的公仆，固然受人民的授权管理国家事务、管理经济文化事业和社会事务，但这只是具体权力的授权，因而不具有治国主体地位。

第二，依法治国的客体是“国”而不是其他。依法治国的客体是“国”，首要的是指国家机器、国家权力，即依法治权、治官。历史表明，权力总是具有腐蚀性、诱惑性。孟德斯鸠指出：“一切有权力的人都容易滥用权力，这是万古不易的一条经验。有权力的人们使用权力一直到遇有界限的地方才休止。”依法治国的实质，就是用法律治理或控制国家权力，使权力运行规范化、理性化、程序化，防止权力滥用导致对公民基本人权和自由的侵犯，借以实现社会的稳定和国家的长治久安。

第三，依法治国的依据是国家的宪法和法律。依法治国是依据宪法和法律治理国家，而不是依据领导人的意志治理国家，这是依法治国本身的需要，也是建设社会主义政治文明的根本要求。在我国，宪法和法律集中代表了人民的根本利益，体现了人民民主和社会主义原则。尊重宪法和法律，唯宪法和法律的规定治国，实际上就是维护人民的利益，实现人民的意志。有法不依、执法不严、违法不究以及以言代法、以权压法、以权枉法等行为都是同依法治国背道而驰的，是政治不文明的体现。

第四，依法治国的关键是依法行政。依法治国，要求每个部门、单位甚至于每个人都要依照法律行事，但其中处于关键地位的是国家行政机关。国家机关中对经济和社会发展影响最大，与公民关系最密切且休戚相关，因而权力最大、机构最多、人数最众的，是行政机关。自然，行政机关能否依法办事，对公民的榜样作用也最强。国家所颁布的法律、法规，80%都须行政机关执行。因此，行政机关能否依法行政，将从总体上决定我国能否依法治国，建立社会主义法治国家。从实践看，依法治国的重点和难点也在于行政机关。行政权力行使的特点之一是首长负责制，是命令和服从。同时，行政事务的繁杂性和紧迫性，要求行政机关必须强调办事速度，强调行政效率，并给予行政机关在行使职权时以较大的自由裁量权。行政方式上的这些特殊性，使一些人习惯于按个人的意志行事，忽视依照法律规定行使权力。这就要求行政机关的工作人员，尤其是领导干部，要有法治的观念，必须具备一定的法律素养，熟悉工作中相关的法律知识，既能做到严格依法办事，又能运用法律的规定创造性地进行管理，以实现行政管理的目标。

因此，从法治国家建设的重点来看，中国近几年来法治观念的普及，很大程度上是“依法维权”意识的提高。但事实上，法治建设，尤其是依法治国，其核心应该是“依法治权”，再明确一点，就是依法行政，建设法治政府。无论是从现在存在的问题，还是未来的发展方向来看，当务之急仍然是要推进依法行政，加快建设法治政府，这是实施依法治国方略，建设法治国家的关键。

依法治国意义重大

2002年，党的十六大报告就明确指出：宪法和法律是党的主张和人民意志相统一的体现。必须严格依法办事，任何组织和个人都不允许有超越宪法和法律的特权。依法治国是党领导人民治理国家的基本方略。

第一，实行依法治国是对新中国成立以来政治发展经验的深刻总结。十六大报告在总结我们党十三年伟大实践所积累的十条基本经验中，在第四条特别强调“发展民主，健全法制，依法治国，建设社会主义法治国家”。实际上，这绝不仅仅是对十三年历史经验的总结，而是对中国及整个世界历史经验的深刻总结，当然，更重要的还是对新中国成立以来历史经验的深刻总结。

十七大报告在坚定不移发展社会主义民主政治部分当中强调，依法治国是社会主义民主政治的基本要求。要坚持科学立法、民主立法，完善中国特色社会主义法律体系。加强宪法和法律实施，坚持公民在法律面前一律平等，维护社会公平正义，维护社会主义法制的统一、尊严、权威。推进依法行政。深化司法体制改革，优化司法职权配置，规范司法行为，建设公正高效权威的社会主义司法制度，保证审判机关、检察机关依法独立公正地行使审判权、检察权。加强政法队伍建设，做到严格、公正、文明执法。深入开展法制宣传教育，弘扬法治精神，形成自觉学法守法用法的社会氛围。尊重和保障人权，依法保证全体社会成员平等参与、平等发展的权利。各级党组织和全体党员要自觉在宪法和法律范围内活动，带头维护宪法和法律的权威。

2008年12月18日，胡锦涛总书记在纪念党的十一届三中全会召开30周年大会上的讲话中总结了30年改革开放的十条经验，第五条就是必须把推动经济基础变革同推动上层建筑改革结合起来，不断推进政治体制改革，为改革开放和社会主义现代化建设提供制度保证和法制保障。30年来，我们既积极推进经济体制改革，又积极推进政治体制改革，发展社会主义民主政治，建设社会主义法治国家，保证人民当家作主，不断推动我国社会主义上层建筑与经济基础相适应，社会主义民主政治展现出更加旺盛的生命力。我国是工人阶级领导的、以工农联盟为基础的人民民主专政的社会主义国家。人民民主是社会主义的生命，人民当家作主是社会主义民主政治的本质和核心。没有民主就没有社会主义，就没有社会主义现代化。我们顺应经济社会发展变化、适应人民政治参与积极性不断提高，以保证人民当家作主为根本，以增强党和国家活力、调动人民积极性为目标，不断发展社会主义政治文明。我们依法实行民主选举、民主决策、民主管理、民主监督，保障人民的知情权、参与权、表达权、监督权，坚持科学执政、民主执政、依法执政，推进决策科学化、民主化，最广泛地动员和组织人民依法管理国家事务和社会事务、管理经济和文化事业。我们坚持科学立法、民主立法，建立和完善中国特色社会主义法律体系，树立社会主义法治理念，坚持公民在法律面前一律平等，尊重和保障人权，推进依法行政，深化司法体制改革，推进国家各项工作法治化，维护社会公平正义，维护社会主义法制的统一、尊严、权威。我国政治体制改革是社会主义政治制度自我完善和发展，必须坚持中国特色社会主义政治发展道路，坚持党的领导、人民当家作主、依法治国有机统一，坚持社会主义政治制度的特点和优势，坚持从我国国情出发。我们需要借鉴人类政治文明有益成果，但绝不照搬西方政治制度模式。我们要始终坚定不移地发展社会主义政治文明，深化政治体制改革，坚持和完善人民代表大会制度、中国共产党领导的多党合作和政治协商制度、民族区域自治制度以及基层群众自治制度，壮大爱国统一战线，推进社会主义民主政治制度化、规范化、程序化，更好地保证人民当家作主，巩固和发展民主团结、生动活泼、安定和谐的政治局面。

新中国成立以后，我国民主和法制建设一度有过长足的发展，但由于“左”的指导思想及对领袖人物的个人迷信愈演愈烈，而使民主法制建设的良好势头急转直下，最终酿成十年“文革”的历史性悲剧。之后，邓小平痛定思痛，在不同场合、从不同角度反复批判了把一个党、一个国家的稳定和希望“寄托在一两个人的威望上”的人治思想，不断强调“要处理好法治和人治的关系，处理好党和政府的关系”，要

“靠法制，搞法制靠得住些”，以此保证国家的长治久安，防止“文革”悲剧重演。党提出全面落实依法治国基本方略，正是中央对这一问题长期思索的结果，是对历史经验的深刻总结。

第二，实行依法治国是新时期政治权威合法性基础转换的现实需要。政治权威的合法性，是指政治权威得到人们的信赖、认同和支持。对任何一个政权来说，只有当强力的统治转化为权利的统治，得到人们的信任和支持后，才能够长久存在下去。在我国，政治权威主要是指党的领导权威。中国共产党经历了革命和建设两个时期，在不同时期，政治权威合法性的基础是不断地发生转换的。在革命年代，党的合法性基础主要来源于长期武装斗争过程中产生的党的领导人的个人魅力，尤其是毛泽东的超凡魅力。党执政后，随着毛泽东、邓小平等老一辈无产阶级革命家的相继去世，战争舞台造就的领导人的权威与影响力逐渐消逝。民间英雄崇拜的气氛已经淡化，整个社会正在日益向平民时代过渡。新的时代、新的领导人需要有新的权威，需要新的权威基础，这就是理性的选择和法律的程序，即确立法理型权威基础。法理型权威所依赖的主要是非人格化的制度性力量，“依赖对合法章程的有效信任，依靠由理性制定的规则建立起来的事务性权限，也就是说，依靠履行规定义务的服从观念”。在这里，统治者的意志，不是通过对个人权威的效忠，而是通过对法律权威的遵从而得以表达和贯彻的。显然，法理型统治适应了现代市场经济和政治文明发展的要求，是一种比较稳固的政治基础。从这个意义上说，党将依法治国作为党领导人民治理国家的基本方略，体现了党与时俱进，适应环境挑战的能力，也反映了党执政理念的文明化。

第三，实行依法治国是提高共产党执政能力的重要保障。2002 年党的十六大从五个方面明确提出了加强党的执政能力建设的基本要求，即不断提高科学判断形势的能力，不断提高驾驭市场经济的能力，不断提高应对复杂局面的能力，不断提高依法执政的能力和不断提高总揽全局的能力。在这五方面的能力建设中，提高依法执政能力是非常重要的方面。

2004 年 9 月党的十六届四中全会通过的《中共中央关于加强党的执政能力建设的决定》指出，党的执政能力，就是党提出和运用正确的理论、路线、方针、政策和策略，领导制定和实施宪法和法律，采取科学的领导制度和领导方式，动员和组织人民依法管理国家和社会事务、经济和文化事业，有效治党治国治军，建设社会主义现代化国家的本领。当前和今后一个时期，加强党的执政能力建设的主要任务是：按照推动社会主义物质文明、政治文明、精神文明协调发展的要求，不断提高驾驭社会主义市场经济的能力、发展社会主义民主政治的能力、建设社会主义先进文化的能力、构建社会主义和谐社会的能力、应对国际局势和处理国际事务的能力。全党要紧紧围绕上述任务，立足现实、着眼长远，抓住重点、整体推进，不断研究新情况、解决新问题、创建新机制、增长新本领，全面加强和改进党的建设，使党的执政方略更加完善、执政体制更加健全、执政方式更加科学、执政基础更加巩固。

2007 年党的十七大强调要继续加强党的执政能力建设，着力建设高素质领导班子。党的执政能力建设关系党的建设和中国特色社会主义事业的全局，必须把提高领导水平和执政能力作为各级领导班子建设的核心内容抓紧抓好。

在我们国家，党领导人民制定宪法和法律，党又同时带头遵守宪法和法律，在宪法和法律的范围内开展各项活动。这是我们党领导和执政的显著特点。实施依法治国基本方略，关键在于党必须依法执政，各级党组织和党员领导干部必须按照法律规定的范围、程序、内容和手段来行使执政权力。因此，坚持依法执政，是改革和完善党的领导方式和执政方式的重要途径。只有坚持依法执政，才能实现党的领导、人民当家作主与依法治国的有机结合和辩证统一，才能从制度上、法律上保证党的路线、方针、政策的贯彻执行，使人民当家作主制度化、规范化、法律化，也才能从根本上保证政权的巩固和国家的长治久安。

第四，实行依法治国是防止腐败，确保权力良性运行的必然选择。腐败是指政府官员为谋取个人私利而滥用权力的行为，它是社会经济现代化过程中不可避免的现象。亨廷顿指出："大致看来，有理由认为，腐化程度与社会和经济迅速现代化有关。"腐败是政治社会的一大毒瘤，它瓦解政治权力的合法性基础，恶化官民关系，是诱发政治及社会危机的最主要和最深刻的根源之一。如何消除腐败现象，确保权力良性运行，或许是政治学中最为根本、最为永恒的话题之一。历史表明，要从源头上预防和治理腐败现象，最根本的是加强制度建设，不断铲除腐败现象滋生蔓延的土壤。因为制度问题"带有根本性、全局性、稳定性和长期性”，“好的体制，可以有效地预防和制止腐败现象的发生，反之，不好的体制，则会导致腐败现象的滋生和蔓延”。制度建设的关键又在于法制建设，实行依法治腐。治理腐败不单纯要求一套防治制度，而需要一整套以法为上的国家制度，也就是需要依法治国，这是历史发展的必然趋势和要求。

依法行政是依法治国的关键

“依法治国，建设社会主义法治国家”，是党的十五大确定的治国方略。依法治国的直接目的就是规范和控制国家权力，而行政权在国家的所有权力中是最重要的一种权力。将行政权力的行使纳入法制化轨道，全面推进依法行政，是落实依法治国基本方略的关键所在。之所以如此，是因为：

第一，从理论上讲：依法行政，是指国家各级行政机关及其工作人员依据宪法和法律赋予的职责权限，在法律规定的职权范围内对国家的政治、经济、文化、教育、科技等各项社会事务，依法进行有效管理的活动。它要求一切国家行政机关和工作人员都必须严格按照法律的规定，在法定职权范围内充分行使管理国家和社会事务的行政职能，做到既不失职，又不越权，更不能非法侵犯公民的合法权益。依法行政的范围，包括行政立法、行政执法、行政司法都要依法进行，其核心是行政执法。因为行政执法，是国家行政机关及其工作人员行使国家公共权力，按照法律、法规赋予的职权，对管理相对人采取直接影响其权利义务的行为，或者对管理相对人的权利义务的行使和履行情况直接进行监督检查并作出处理结果的行为。因此，行政执法做得好，就可以最便捷、最直接地维护相对人的合法权益，相反，如果行政执法做得不好，就最容易侵犯公民、法人或其他组织的合法权益。所以，依法行政的核心，是依法行政执法。

依法行政和依法治国的关系是密不可分的。依法治国由依法立法、依法行政、依法司法和依法监督等内容组成。在这些内容中，依法行政是依法治国的核心和重点。因为一个国家的整个管理活动，不是靠立法机关、司法机关和军事机关，而主要是靠各级人民政府进行的。如果各级行政机关都能依法行使职权、依法进行管理，那么，依法治国就有了基本保证。坚持依法治国的方略，又为依法行政创造了大环境和前提条件。如果没有依法治国的方略和大环境，就根本谈不上依法行政，但没有依法行政，依法治国就会落空。因此，依法行政是现代法治国家里政府行使行政权力所普遍遵循的基本准则，也是实现依法治国的根本保证。实施依法治国，最基础、最关键的是要建设法治政府、依法行政，即政府必须严格按照法律规定的权限、法律规定的程序行使权力，有效管理社会。

第二，行政机关在社会生活中的极端重要性，决定了依法治国的关键在于依法行政。政府工作几乎涉及国家政治、经济、文化和其他社会生活的各个领域；涉及公民个人从出生到死亡，包括学习、工作、劳动和衣食住行的各个阶段和方面。其涵盖面之大，意味着国家行政管理法治化程度，将对整个国家的法治化进程产生直接甚至决定性的影响。正因为行政机关在社会生活中的重要性，我国80%的法律、所有的行政法规和90%的地方性法规都是由政府来执行的，这与其他国家机关相比是远远超前的。因此，政府能不能自觉地依法行政、严格依法办事，直接关系到法律、法规的实施效果，直接影响着法律、法规的尊严和权威。

因此，一方面，由于行政机关是主要的执法机构，法律赋予公民、法人和其他组织的权利能否得到实现，为维护公共利益和国家利益而颁行的禁止性规定能否得到遵守，很大程度上取决于政府机关的执法行为。对公民合法权益的侵害行为的制止有赖于行政机关采取措施。如果行政机关勤政廉政、严格执法，自然会为全社会作出表率，法治的实现也就顺理成章。如果政府机关不严格执法，甚至徇私舞弊、贪污腐败、以权谋私、欺压百姓，视法律为废纸，法的秩序也就荡然无存。在此情况下，也根本不可能要求公民守法。另一方面，行政机关握有强大的行政权力，如果行政机关不能严格遵守法律，则其行政权力将很难受到限制，而不受限制的权力必然导致腐败。现实社会中出现的“权钱交易”、“权权交易”、“权色交易”等滥用权力的现象，都是因为缺乏必要的监督机制，难以保障严格执法造成的。

事实上，我国长期以来对行政机关行使行政权力也很少从依法行政的角度提出要求，而是把“依法”仅仅看成是司法机关的事。我们一直习惯把公安局、检察院和法院称为执法机关，认为只有它们才必须以事实为根据，以法律为准绳，而并不把行政机关也看成是执法机关。尤其应该看到，行政机关在发挥其行政职能时，与公民、法人和其他组织之间常常形成管理者与被管理者之间的关系，此种关系是一种命令与服从的关系。行政机关发布行政命令、制定规章等规范性文件、解释行政法规等，都被认为是行政权的行使，而作为被管理者的公民、法人和其他组织必须遵从。至于这种抽象行政行为是否合理、合法，极少有人提出疑问。产生这种认识上的偏颇，有其深刻的政治、经济、历史和社会原因。把行政机关列为执法机关，称为行政执法，是改革开放以后，特别是行政诉讼法颁行以后的事。但至今仍有人只把部分行政机关称为执法机关，而将相当一部分行政机关排除在外。当然，这并不是说在此之前就不存在行政执法，而是说，人们尚未将实际存在的作出行政执法行为的行政机关，从法律的角度来认识和要求。认识上的这种偏颇，自然也将增加依法行政的难度。

第三，从行政权力的特点看，依法治国的重点和难点也在于行政机关。行政权力行使的特点之一是首长负责制。同时，行政事务的繁杂性和紧迫性，要求行政机关必须强调办事速度和行政效率，并给予行政机关在行使职权时以较大的自由裁量权。行政方式上的这些特殊性，使人们习惯于按个人的意志行事，忽视依照法律规定行使权力。与其他国家机关相比，行政机关在依法行使职权方面，自然会增加不利因素。因此，很多国家都制定了行政程序法，力图为行政机关行使职权时提供基本的行为规则，使行政机关与法院一样，都受程序约束，以保障依法行政。只有在政府的行政权力受到法的严格制约的情况下，才意味着法治的真正建立和完善。

总之，政府行为法律化是现代社会生活的普遍要求，成为衡量一个国家、一个地区管理水平，特别是行政管理现代化的重要标志。国家行政机关是否坚持依法行政、严格行政执法，是直接关系到人民当家作主、管理国家事务的意志能不能实现的重大原则问题，而这一点恰恰是依法治国基本方略的本质要求。

建设法治政府

政府的职能就是行政，依法行政就是要建设法治政府。从根本上说，法治政府就是按照法治的原则运作的政府。在我国现阶段，法治的原则是：有法可依、有法必依、执法必严、违法必究。法治政府最基本的特征，就是把自身的权力自觉地限制在法律的范围内，严格依法办事，防止权力被滥用。法治政府应当是有限政府、有效政府、诚信政府、责任政府和服务型政府。

第一，法治政府应当是有限政府。“有限政府”是指政府自身在规模、职能、权力和行为方式上受到法律和社会的严格限制和有效制约。法治的最重要的政治职能就是铲除无限政府，确立和维持一个在权力、作用和规模上都受到严格法律限制的“有限的政府”。这是我国政府职能转变的一个带有根本性的问题。要正确认识法治政府是有限政府，必须从以下两个方面澄清认识。

一是有限政府与有效政府的关系。有限的政府与有效的政府并不对立，相反，有限的政府是有效的政府的前提。不是有限的政府，不可能是有效的政府。无限而有效的政府是什么都干得出来的政府。在有限政府之下，要使国家和政府有所作为的最好办法，就是对国家和政府的权力和能力加以必要的限制。没有限制的权力，必然要导致对权力的滥用，从而败坏了国家的能力。一个合理的政府理所当然地只能是有限的政府。

二是有限政府与无限政府的关系。有限政府与无限政府是相对立的。所谓无限政府是指一个政府自身在规模、职能、权力和行为方式上具有无限扩张、不受法律和社会有效制约的倾向。有人可能会说；绝对的无限政府是不存在的，任何专制的政府至少要受到一些自然规律的影响，如领导人受生老病死的制约，受家人与权臣的掣肘，以及来自民间的武装叛乱的挑战。但是，即使是自然规律也无法有效地遏制无限政府的扩张倾向。这种倾向直到它被新的政权所取代之前其膨胀的趋势不会自动中止。所以，这里的无限政府不是指一个政府受不受自然规律的约束，或能否彻底杜绝民间的反抗。判断有限政府与无限政府的尺度在于一个政府，或者说一个政权在权力、职能、规模上是否受到来自法律的明文限制；是否公开愿意接受社会的监督与制约；政府的权力和规模在越出其法定疆界时，是否能得到及时有效的纠正。因此，有限政府应当从职能、权力、责任三个方面思考：

一是政府职能有限。公共管理学中关于有限政府的理念，按所主张的政府职能的大小，可以分为四种。（1）“最弱意义的国家”。美国著名政治哲学家诺齐克主张“最弱意义的国家”，主张政府职能仅限于防止暴力、偷窃、欺骗和强制履行契约等功能，征税必须保持在最低的水平，任何比这种功能更多的国家都会侵犯人们的权利。（2）“最低限度的政府”。奥地利学者哈耶克主张“最低限度的政府”，政府可以建立保障竞争性市场正常运转的法律框架、实施强制义务教育、保持经济稳定和防止大的衰退、管理外交关系与国防，他强烈反对政府的再分配功能，只主张有限的济贫功能。（3）“福利国家”。主张政府要保护产权，从事济贫、义务教育等最起码的公正职能；而且进一步主张政府要建立福利国家体系，实行国民收入的再分配。（4）“掌舵式政府”。1970 年后期适应知识经济时代要求而提出的政府职能理论，认为政府的职责是“掌舵”而不是“划桨”，政府应该集中精力提高国家国际竞争力，发展教育、高科技；政府的其他非核心职能如公共事业等，都可以由民营企业和非政府组织参与提供。从上面可以看出，不论是哪种有限政府，其政府职能是有限的，不是无所不能，无所不包的，它仅限于维护社会稳定，调节经济，发展教育，提供医疗保障等社会公共事务，对公民、企业自己能做主且不影响公共利益的事情政府要少管或不管。

二是政府权力有限。自由而自治的公民在组成政府时，保留了自己的绝大部分基本权利，如自由从事经济活动的权利、私有财产应当受到保护的权利、获得公平对待的权利、免于被迫害的权利、自由从事创造性活动的权利等等。公民让渡给政府的权力极其有限，政府所获得的仅仅是仲裁纠纷、保护产权、维护秩序、促进公平的权力。同时，为了使政府对人民授予的有限权力正确使用，防止权力过于集中和被滥用，于是，有限的政府权力又要由不同的机构依据不同的原则和法定的程序、在不同的领域和不同的地域来实施，从而使政府权力有限，政府各部门的权力更是有限。

三是政府责任有限。权力与责任是相互统一，相互依存的，有权力，就必然会产生责任；有多大的权力，就必然承担多大的责任。既然公民只向政府让渡了有限的权力，政府的职能范围既然是有限的，那么，政府的责任必然是有限的。而且这些有限的责任都是至关重要的，是靠个人或其他组织承担不了的。如政府负有保护产权不受侵犯、维护市场秩序不受破坏、保护国家安全与社会稳定、促进社会公正，解决就业、读书、就医，老年保障等社会问题等责任。

改革开放前，我国政府可以说是一个全能政府，在实践中，我们越来越深刻地认识到，这种“全能”，不仅使政府过于负重，而且使政府管了许多本不该管，也管不了、管不好的事情。因此，改革开放以来，与社会主义市场经济体制的建立和完善相适应，我国政府职能转变过程中一个十分重要的方面就是“权力下放”。比如就行政审批项目来说，大批量地减少行政审批项目已经成为一种趋势。2007 年国务院办公厅下发了《关于进一步清理取消和调整行政审批项目的通知》（国办发〔2007〕22 号）。在深入学习实践科学发展观活动中，各地又进一步结合自身实际，对行政审批项目进行了大量削减，政府职能的有限性进一步显现，从而使政府能够集中力量快办、办好自己应当管好的事情。

第二，法治政府应当是有效政府。现代国家行政权的行使有两个重要特点，一是讲求效率，二是讲求民主，否则就会出现办事拖拉或者行政专横，中外历史上这类例子比比皆是。在我国，政府是人民的政府，不仅需要而且完全能够把效率和民主统一起来，成为真正高效、民主的政府。而这种统一的最佳途径，就是严格执法，严格依法办事，严格依法行政。

有效政府是对有限政府的超越。有效政府之有效，就是因为它既保证了经济与社会的发展，也保证了财富增长的同时公平地分配。在过去的 20 多年间，世界范围内的各国政府都致力于一场变革自身运作管理的运动。各国公民都要求自己的政府规模更小，成本更低，效率更高，服务更好。总之，就是建设有效政府成为人民群众对政府建设的一个重要期待。尤其是我国，政府是人民的政府，政府的权力是人民赋予的，因此，政府效能不断提高，才能更好地体现政府的人民性和公共性。

有效政府，应该尽可能采用最先进的组织技术，尽可能吸收高级人才，并且汲取更多的财力。同时，还能够充分利用组织技术，用足人才，使人力、物力的投资产生最好的效果。从这个意义上来说，政府所使用的组织技术越先进，政府官员的素质越高，政府的财政能力越大，政府的能力也就越高。

有效政府，应该以社会的需求为导向，有针对性地提供高质量的公共服务。比如，一方面，政府要充分考虑与市场或社会各司其职，让市场负责私益物品和服务的生产和提供，让中介组织负责一般性的社会能够承担的公共服务，并让其承担起社会与政府之间的必要的中介作用，而政府则专门负责公共服务。另一方面，政府和许多非政府的公共组织一样，成为公民消费公共服务的集体消费决策单位。在这方面，作为有效政府就不能只考虑到管理的方便，不能只考虑自身节约成本，而应当更多地考虑到服务对象的需要，从方便服务对象出发，从节约整个社会成本出发。如有些政府部门星期六和星期天不上班，这可能节约政府部门几个办事人员的加班支出，但却使得许多公民不得不在星期一到星期五之间的上班时间请假去政府部门办事，不仅影响了更多的人正常工作，而且大大提高了公民办事的机会成本。要解决这个问题，提高政府的效率，就需要考虑到公民的需求，考虑到公民方面可能付出的成本，即提高配置效率。

有效政府，应该有适当的制度激励基础。没有适当的制度基础，促使政府官员来采取先进的组织技术，鼓励高级人才从政，即使有了先进的组织技术和大量的高级人才，也会导致组织技术无法得到使用，高级人才大量闲置的恶果。如果有了适当的制度激励基础，即使当前尚未有先进的组织技术，高级人才也非常稀缺，也会激发人们的积极性和创造力，激发人们学习和运用先进的组织技术，促进人才的发展，从而提高政府效率。

有效政府，还应当是随着形势任务的发展变化，随着人民群众对政府工作效能要求的不断提高而不断增强效能的政府，即政府的有效性不是一成不变的，而是处于一种动态发展意义上的不断适应变化的过程。因此，有效政府不是天生的，而是重在建设。同时，建设有效政府不是一劳永逸的，而是重在坚持不懈地建设。比如，随着电脑技术的迅速发展和广泛普及，具有动态效率的政府，就应该适应这一技术的变化，实现政府管理的电子化。再比如，在科学发展观已经成为我国经济社会发展必须长期坚持的根本指导方针的今天，那种依然靠“浓烟滚滚、污水横流、乱开滥采”等粗放型增长模式实现经济发展的政府，就不能说是有效政府。

因此，有效政府是一个各方面效率增加的总和，不能简单地通过某一个方面的高效率就认定政府是不是有效政府，而应当以一个组合性的整体标准来衡量政府的效能，并要以相关的法律法规规范和保障政府的有效性。

第三，法治政府应当是诚信政府。所谓诚信，就是“诚实守信”。“诚”即内外一致，“信”即言而有信。诚信结合在一起就表明诚恳厚实、有信无欺、坦诚相待。诚信的产生是人类社会长期以来在实践中逐渐发展而来的产物，也是中国传统美德的重要内容之一。对于诚信政府（或称政府诚信），有学者将其界定为在行使国家权力，实施公共管理的过程中坚持诚实守信的原则，并以此规范和约束自身的行为方式的政府。

法治与诚信建设密不可分，互为关联，政府对人民的诚信需要靠法制来维系。用法律的形式将政府的权限范围及政府权力运行的各个具体环节固定下来，是从机制上保障政府取信于民的最好办法。诚信政府在实践中就要做到：

一是向社会全面开放政府公共信息，增强政府政策、办事规则和办事结果的透明度，全面推行政务公开，杜绝暗箱操作和“乱收费”、“乱罚款”、“乱摊派”事件的发生。特别对人民群众最关心的民生问题等重大改革事项，更要加大公开力度，真正做到公平、公正，接受广大人民群众的监督。为切实做好政府信息公开工作，于2008年5月1日起实施《中华人民共和国政府信息公开条例》。《条例》共5章38条，分总则、公开的范围、公开的方式和程序、监督和保障、附则。《条例》明确，制定这一条例旨在保障公民、法人和其他组织依法获取政府信息，提高政府工作的透明度，促进依法行政，充分发挥政府信息对人民群众生产、生活和经济社会活动的服务作用。《条例》规定：行政机关公开政府信息，应当遵循公正、公平、便民、及时、准确的原则。《条例》规定：行政机关对符合下列基本要求之一的政府信息应当主动公开：涉及公民、法人或者其他组织切身利益的；需要社会公众广泛知晓或者参与的；反映本行政机关机构设置、职能、办事程序等情况的；其他依照法律、法规和国家有关规定应当主动公开的。《条例》还特别规定了乡（镇）人民政府在其职责范围内确定主动公开的政府信息具体内容的同时，还要重点公开8类政府信息：贯彻落实国家关于农村工作政策的情况；财政收支、各类专项资金的管理和使用情况；乡（镇）土地利用总体规划、宅基地使用的审核情况；征收或者征用土地、房屋拆迁及其补偿、补助费用的发放、使用情况；乡（镇）的债权债务、筹资筹劳情况；抢险救灾、优抚、救济、社会捐助等款物的发放情况；乡镇集体企业及其他乡镇经济实体承包、租赁、拍卖等情况；执行计划生育政策的情况。

二是完善约束机制，建设诚信政府。通过不断完善监督管理机制，有效约束、指导、规范和培育市场，创造和发挥诚信的无形效应。首先是构建诚信服务载体，建立和完善政府部门对行业监管和处罚工作的监督制约机制，如市场质量、信誉跟踪、监督投诉、举报查处、承诺奖惩等制度，加强对执法和行业队伍的监管，积极推行政府承诺兑现制、首问责任制、诚信服务制。其次是加强对政府各部门正确对待和依法行使权力的监督，严格按照法定的权限和法定的程序办事，提高服务效率的监督，对该作为不作为，不该作为乱作为的行为予以查处。再次是惩罚市场经济活动中的失信者，不管是政府行为，还是市场公众行为，都要予以严惩，要让失信者、欺诈者发现自己付出的代价要大大高于欺诈活动所得到的效益，以激励守信者，使守信者获取更大的社会效益和经济效益。

三是提高队伍素质，建设诚信政府。政府的诚信说到底是通过公务员的信用行为体现出来的。为此，必须着力提高公务员的诚信理念。要加强公务员制度方面的建设。建立完备的公务员法律制度规范，使公务员的一切活动都有章可循。要加强公务员的思想观念和道德建设。通过宣传、培训、典型示范等形式不断地提高公务员的公仆意识和服务意识，培养其忠于民、信于民的优秀品质。努力提高公务员的素质。政府诚信的重要表现形式是公务员的信用行为，必须不断加强公务员的诚信理念和廉洁勤政观念教育，严格规范其个人和公务行为，大力塑造“忠诚、廉洁、高效”的公务员形象。

第四，法治政府应当是责任政府。责任政府的出现是现代民主发展的结果。在君主专制时代，帝王既是国家主权的拥有者，又是国家最高的管理者，各级官吏的权力也是帝王赋予的，帝王意志支配下的权力运行即使失误，帝王及听命于帝王的官吏也不承担任何责任，因而那时的政府可以说是无责任政府。英国的政治家和学者最先研究和概括本国的责任政府制度，提出了责任政府理论。其基本观点是：议会的信任构成政府的执政资格；政府对议会负责，而负责方式主要指向议会报告工作和在丧失议会信任后辞职；内阁必须团结一致，接受首相控制；政府采用两种形式对议会负责，即政府集体负责制和大臣个人负责制等。美国是实行总统制的典型国家，其宪法关于总统承担责任的理论认为，美国总统不但承担政治责任，而且还承担法律责任，总统可以受弹劾、受审判，而且如果被判明犯有叛国、接受贿赂或其他重罪时，还得予以撤职；事后可以受到普通法律的控告和处罚，直到依法剥夺其生命财产。

现代责任政府理论强调，责任政府的核心特征应该是责任政治。责任政治作为现代民主政治的一个基本特征，其含义可以狭义地理解为责任内阁制政府，即行政机关由代议机关产生并对代议机关负责的政权组织形式。而广义责任政治，则指人民能够控制公共权力的行使者，使其对公共权力的行使符合人民的意志和利益，直接或间接地对人民负责的政治形式。在广义的责任政治中，责任政治的责任就形式而言又包括法律责任和政治责任。法律责任是指责任主体因违法而承担相应法律后果。政治责任则不一定要违法才构成责任后果，责任主体在政府工作中，因违反道德或政治上的约定均可以构成政治责任。政治责任主要体现在官员在政府工作中应负的责任。无论从广义还是狭义方面理解责任政治，作为责任政府，都必须迅速、有效地回应社会和民众的基本要求，并积极采取行动加以满足。在行使职责过程之前，要有所交代，向公众解释这么做的理由。在完成职责后，如出现差错或损失，应承担道义上的、政治上的、法律上的、行政上的责任；选择正确的责任形式，做到罚当其责。一个政府只有在其能够保障社会利益，促进实现社会意志所提出的目的，真正履行其责任时，才是合理合法的。

与责任政府相适应，对不履行或不能很好地履行政府责任的机关及其人员实行问责，就成为一种必然，于是问责制逐渐成为各国带有共性的制度。问责蕴涵着责任理念，实施问责制，必然要求政府树立向公众负责的行政理念。这种理念会内化为公务员的内心信念，行成良好的行政品质，提高责任意识。同时，问责制作为追究机制将会对责任政府的实现起到保障和促进的作用。如2010年1月31日东方网报道，上海市市长韩正在市人代会上所作的补充工作报告中，进一步直陈2009年“倒楼”、“钓鱼执法”、“地铁事故”等敏感话题，反省政府工作中的不足和问题，这种不讳疾忌医的态度彰显了一个责任政府的形象。身体有病要治，但首先要承认有病，这是治病的前提；工作有错要改，但首先要承认有错，这是改正的前提。如果明明有错还要硬撑着，死不认账，那是自欺欺人，不负责任。对于一级政府来说，工作中有了问题不要紧，要紧的是向群众讲真情，说实话，这是负责任的表现，既尊重了群众的知情权，也能更好地接受群众监督。这不仅不会降低政府在群众中的形象，反而会提升政府的公信力。

第五，法治政府应当是服务型政府。“服务型政府”的理念由西方国家于20世纪80年代在“新公共管理”运动背景下首先提出。在我国，温家宝总理2004年2月21日正式提出“建设服务型政府”主张，并在十届人大三次会议《政府工作报告》中，明确阐述了服务型政府的内涵：“创新政府管理方式，寓管理于服务之中，更好地为基层、企业和社会公众服务。”要求按照转变职能、权责一致、强化服务、改进管理、提高效能的原则，深化行政管理体制改革，优化机构设置，更加注重履行社会管理和公共服务职能。

我们之所以要建设服务型政府，是由四方面基本关系决定的：一是普遍公民主权基础上的民主与宪政关系，决定了国家权力的公共性质和政府为公民服务的地位。二是政府与市场经济的关系，市场经济是主体，政府为市场经济服务。三是政府与社会的关系，政府为公民社会服务。四是直接公共服务与间接公共服务的关系，前者是满足公民的直接需求；后者是通过经济调控、市场监管和社会管理满足市场经济和公民社会发展的需要。那么，服务型政府具有一些什么样的主要特征呢？主要有以下几点：

是一个具有核心竞争力的政府。在我国，这个核心竞争力就是社会主义的基本价值，就是社会平等、政治民主和以人为本。这一核心竞争力是与人类文明发展的大趋势相一致的，是我们构筑国家“软实力”的基本要素。一个服务型政府，首要的特征就是张扬社会主义的基本价值，实现了社会平等、政治民主和以人为本的“制度化形态”，并在社会实践和改革过程中具有切实的可操作性。离开社会主义的基本价值、宪法原则和我们党以人为本的执政理念谈服务型政府，这个服务型政府就可能是无本之木、无源之水。

是一个民主和负责的政府。就是说，是一个人民民主和对人民负责的政府。前者是指政府的性质，后者是指政府的目的。人民民主是共和国宪法赋予人民的基本权利，特别是“民主选举、民主决策、民主管理、民主监督”的权利，它界定了政府的有限性。宪法规定的这“四个民主”权利，反映了社会主义民主政治的本质，在现实的制度安排中一个都不能少。公民通过正常程序和渠道参与国家治理，表达自己的愿望，是服务型政府的本质特征，唯其如此，才能体现社会主义制度的优越性，也才能真正建立一个服务型政府。

是一个法治和有效的政府。依法行政是现代政府的一个基本特征，是建立合理的政府与社会、政府与市场、政府与公民关系的前提。我国政府就其本质来说，是依据宪法原则建立并按照宪法原则运作，宪法是我国的根本大法，只有尊重宪法并按照宪法原则办事，才能在全社会树立政府的权威，确立政府的社会公信力。一个依法行政的政府必然是一个有效政府，其公共政策才能得到认真的落实。建立服务型政府，核心是政府必须尊重宪法精神，按宪法原则办事，只有这样，人民才会相信政府，政府服务才能为群众所接受。依法行政是提高党和政府执政能力的关键环节。

是一个为全社会提供公共产品和服务的政府。提供公共产品和服务，核心是在公共财政和预算以及财政转移支付的导向上，要真正关注普通老百姓的利益、需要和愿望。把钱真正用到惠及千百万老百姓的日常生活，使人民安居乐业、心情舒畅、生活幸福的事业上来。要真正关心社会的弱势群体。政府必须下决心把钱投到以改善人民群众生活质量，关乎千家万户生活命脉的义务教育、公共医疗、社会福利和社会保障、劳动力失业和培训、环境保护、公共基础设施、社会安全和秩序等方面来。这些都是一个服务型政府的最基本组成部分和核心内容，是关乎国家稳定、发展和繁荣的国家战略产业，搞得好与不好，直接决定着我们党和政府执政的物质基础，决定着人心向背，决定着政府在人民群众中的威信。要提高党和政府的执政能力，建立服务型政府，就是要把这些方面作为公共财政支出和财政转移支付基本方向，切实通过预算约束保证公共财政的正确使用。

是一个实现了合理分权的政府。合理分权是完善政府治理、优化政府结构的一个重要内容，是建立服务型政府的重要手段。一般来说，分权的基本内容主要包括：政府内部各部门之间的分权；上下级之间的权力下放；政府与社会中介组织之间的权限划分；中央与地方政府之间的权限划分等。合理分权是现代政府的一个重要特征，是提高政府工作效率的一个重要手段。在我国目前的发展阶段，合理分权是我们建立服务型政府所遇到的一个最复杂的结构性难题，解决得不好，就可能制约我国经济社会的发展，造成社会失序和国家混乱，这是我们在分权过程中必须注意的。但分权的好处也是显而易见的，合理的分权至少可以带来以下几点好处：最大好处是可以带来经济上的效率；可以合理地控制政府的管理幅度，不至于因为管理幅度过大而造成管理失误；可以减轻中央的财政负担；可以调动地方的积极性；可以有效地平衡中央与地方的利益；在政治上的最大好处是有利于建立问责制政府，转移政府责任，明确政府核心工作，便于政府的绩效评估。实现合理分权，是提高我党执政能力、建立服务型政府的基本前提。

提供公共服务是服务型政府的重要职责。政府职责的基本领域，是在维护国家机器正常运转的前提下，满足通过市场机制满足不了或满足不好的社会公共需要。提供公共服务是服务型政府的重要职责，包括为各种市场主体提供良好的发展环境与平等竞争的条件，为社会提供安全和公共产品，为劳动者提供就业机会和社会保障服务等方面。

改革开放前我国政府的职能

以1978年改革开放为标志，中国的行政管理体制可以划分为两大历史阶段。1949年新中国成立至1978年，是与计划经济体制相适应的阶段；1978年至今，则是与建立市场经济体制相适应的阶段。这两个阶段，中国的行政管理体制、管理职能的具体内容以及改革和调整的方式和特点都明显不同，但根本宗旨和目的，都是服从和服务于促进中国的经济发展，社会进步，国家强盛，满足人民生产和生活各方面的需要，巩固和完善社会主义制度。

新中国成立初期，在当时的国内外环境和背景下，为了尽快恢复国民经济，从落后的农业国向实现国家的社会主义工业化转变，中国在对农业、手工业、资本主义工商业进行社会主义改造的基础上，进行了大规模社会主义建设。为了完成这一历史任务，中国借鉴苏联经验，建立了有利于集中国家和社会人、财、物资源办大事的计划经济体制；与此相适应，也建立了高度集中的行政管理体制。应该肯定，这种行政管理体制的形成有其历史必然性，它在新中国成立后的一段较长时期内是基本适应当时的社会主义建设需要的。历史事实也证明，这种与计划经济体制相适应的行政管理体制对于克服新中国成立初期的巨大困难，捍卫新生的人民政权，打破西方国家的经济和技术封锁，发展社会生产和改善人民生活，都起到了不容否认的历史作用。

从1956年对生产资料私有制的社会主义改造基本完成以后到改革开放前，在长达20多年的时间里，随着国内外环境的变化和经济社会发展，本应建立适合我国基本国情的行政管理体制，但是我们却不仅沿用了而且进一步加强了高度集中的行政管理体制，从而使政治、经济、社会等各个领域的事情，都集中在政府身上，在群众心灵深处形成了一个“凡事找政府”的深刻印象。因为政府什么事都管，所以也就可以用所有的方法来管，而为了管理的有效和快捷，“命令”便成了政府管理的最主要手段。因此，人们就习惯于将“行政”、“命令”两个概念集结为“行政命令”。这一方面说明“命令”来自于政府，是政府的管理手段，另一方面说明“命令”是必须服从的，是不能对“命令”说“不”的。在这种情况下，就必然会出现政府职能的越位、缺位、错位。“越位”，是指政府管了不该由政府机关办的事情，干预了市场；“缺位”，是指该由政府机关管理的事情，如服务、监管等方面的事务，政府做得还不够；“错位”，是指本来属于某一政府机关管理的事情却被另一政府机关所管理，以致造成事权不清、相互扯皮。这样，就不可能不降低政府效率。

分析我国之所以会形成上述政府职能不断扩大和高度集中的行政管理体制现象的原因，主要有以下几个方面：

一是人们对政府无限信任的心理意识。我国政府是人民政府。因此，人们一般都认为政府是代表人民利益的，是追求社会福利最大化的，是大公无私的、仁慈的；政府是无所不知的；政府是讲信用，说话算数的。政府机关及其工作人员，也希望自己能代表民众拥有更多的权力，为民众做更多的事情。正是基于这些认识，政府职能无限扩大，开始了漫长的“无限政府”管治。

二是我国经济发展水平决定的。新中国成立后，我国是在一穷二白的基础上开始进行社会主义经济建设的。当时生力水平低下，资源短缺，人口众多，商品匮乏，在这种情况下我国实行了计划经济体制，以充分发挥政府统揽全局、协调各方的优势。

三是社会化程度低。一方面，各种协会、行业、自律组织没有发展起来，一些本可以由社会自身解决的问题因没有健全的自身管理及处理组织和机制，人民民主专政性质的政府必然要担当本应由中介组织承担的大量职能。另一方面，由于政府职能的不断扩大，从而使政府代替了本应由各种社会组织发挥作用的职能，使各种社会组织更没有建立和发展的条件。

但是，从新中国成立到改革开放前，主要靠行政手段直接管理经济社会活动的行政管理体制，越来越不符合经济分工和社会需求日趋复杂多样和不断变动的经济社会发展要求。其权力过分集中，条块分割，机制不灵活，扼杀经济社会发展活力，不利于地方和下级行政机关发挥工作积极性、主动性和创造性等官僚主义等弊端，日渐明显和充分地暴露出来。针对这些问题，为了调动中央和地方“两个积极性”，党和国家以调整中央和地方政府行政管理权限为内容，曾多次在计划经济体制的框架内对行政管理体制进行改革，但效果并不理想，往往是一放权就“乱”，“乱”了就重新收权。虽然当时的改革没有达到预期效果，但这种努力和尝试为后来的改革积累了必要的经验和教训。因此，转变政府职能，改革行政管理体制，已经是势在必行的重要任务。

改革开放以来我国行政管理体制改革

改革开放后，在总结过去的实践经验和教训的基础上，我国经济体制改革的内容和走向，是逐步和不断地推动计划经济体制向社会主义市场经济体制转变。这必然要求对行政管理体制进行相应的改革。30 多年来，随着我国经济体制改革的不断深入，我国的行政管理体制改革也在不断取得新的进展。

第一，推动政府机构改革，促进政府转变职能。改革开放以来，我国已经进行过六次政府机构改革。

一是 1982 年改革。这次改革使国务院各部门从 100 个减少为 61 个，人员编制从 5.1 万人减少为 3 万人。

二是 1988 年改革。这次改革将国务院部委从 45 个精简为 41 个，直属机构从 22 个减为 19 个，非常设机构从 75 个减为 44 个，机构人员编制比原来的实际人数减少 19.2%，并首次提出政府职能转变的任务。

三是 1993 年改革。这次改革提出了建立适应社会主义市场经济发展的行政管理体制目标，实现“政企分开”，转变政府职能，把行政管理的职能转向统筹规划、掌握政策、信息引导、组织协调、提供服务和检查监督。

四是 1998 年改革。这次改革不仅从总体上提出要建立“办事高效、运转协调、行为规范”的行政管理体制，而且要求将政府职能转到宏观调控、社会管理、公共服务方面来。调整和撤销直接管理经济的专业部门，加强宏观调控和执法监管部门，国务院组成部门由 40 个减少到 29 个，部门内设机构精简了 1/4，移交给企业、地方、社会中介机构和行业自律组织的职能达 200 多项，人员编制减少了一半。与此同时，新组建了国防科学技术工业委员会、信息产业部、劳动和社会保障部、国土资源部 4 个部委。

五是2003年改革。这次改革进一步推动了政府职能转变，明确提出政府职能应集中于经济调节、市场监管、社会管理和公共服务等四个方面，建设“行为规范、运转协调、公正透明、廉洁高效”的行政管理体制。重点措施包括：为深化国有资产管理体制改革，设立国有资产监督管理委员会；为完善宏观调控体系，改组国家发展计划委员会为国家发展和改革委员会；为健全金融监管体制，设立银行业监督管理委员会；为继续推进流通管理体制改革，组建商务部；为加强对食品安全的监管，在国家药品监督管理局基础上组建国家食品药品监督管理局；为强化对安全生产的监督管理和监察，将国家经贸委下属的国家安全生产监督管理局改为国务院直属机构。

六是2008年改革。这次改革除国务院办公厅外，国务院组成部门设置27个。这次改革突出了三个重点：加强和改善宏观调控，促进科学发展；着眼于保障和改善民生，加强社会管理和公共服务；按照探索职能有机统一的大部门体制要求，对一些职能相近的部门进行整合，实行综合设置，理顺部门职责关系。通过改革，绝大多数省区市加快了政府职能转变，强化了社会管理和公共服务职能；政府部门更加统一、精简、高效，实现从“瘦身”到“健身”的转变。

第二，强化依法行政要求，加强依法行政的法律和制度建设。在推进政府机构改革和职能转变的进程中，根据中国共产党提出的依法治国、建设社会主义法治国家的方略和目标任务，党和国家对各级行政管理机关不断强化依法行政的要求。为此，大力加强了落实依法行政要求的法律制度建设。20世纪90年代，《中华人民共和国行政诉讼法》、《中华人民共和国国家赔偿法》、《中华人民共和国行政复议法》、《中华人民共和国行政处罚法》、《中华人民共和国行政许可法》、《中华人民共和国公务员法》等相继制定并颁布施行，对监督国家行政机关依法行使职权，规范各级政府的行政行为，保障公民、法人的合法权利，发挥了重要作用。再有，国务院颁布的《全面推进依法行政的决定》和《全面推进依法行政实施纲要》，对于全面推进依法行政，建设法治政府，具有长远的指导作用。

第三，改革和完善政府决策机制，推进行政管理方式创新。推进决策的科学化、民主化是深化行政管理体制改革的一项重要任务。在中共中央要求落实科学执政、民主执政、依法执政的方针指引和推动下，中国各级政府都在进行积极实践和探索，突出表现在以下各方面的努力和进展。

一是建立健全群众参与、专家咨询和集体决策相结合的决策机制。即各级政府对涉及经济社会发展全局、重要干部任免、重大项目安排和大额资金使用的重大决策，必须以深入扎实的调查研究为基础，广泛听取各方面意见，由领导班子集体讨论决定，坚决杜绝决策的盲目性、随意性和领导者个人独断专行。对与群众切身利益密切相关的重大决策事项，要实行社会公示和听证，广泛听取群众意见。对专业性、技术性较强的重大事项，必须进行专家论证、技术咨询、决策评估，同时要规范专家学者的咨询行为，保障咨询意见的客观公正、合理性和可行性。在明确决策责任主体和责任界限的基础上，推行和完善行政问责制、决策失误引咎辞职和处罚制度；同时建立纠错机制，最大限度地预防和减少决策失误。

二是推行政务公开。继 1998 年 6 月中央决定在农村普遍实行村务公开和民主管理制度，2000 年 12 月中共中央办公厅、国务院办公厅发布了《关于在全国乡镇政权机关全面推行政务公开制度的通知》，2005 年 3 月又发布了《关于进一步推行政务公开的意见》，把政务公开的范围和程度提高到新的水平。公开的原则是：除涉及国家机密、依法受保护的商业秘密和个人隐私，其他行政事项能公开的一律向社会公开。公开的重点是：政府工作中容易产生不正之风、滋生腐败的环节和事项；与群众利益直接相关的公共部门要全面推行办事公开制度，向群众公开服务承诺，学校、医院等单位必须公开收费项目和收费标准，接受群众的监督。

三是改革行政审批制度。自《中华人民共和国行政许可法》和国务院批转的《关于行政审批制度改革工作的实施意见》颁布实施以来，仅国务院清理和取消的各部门行政审批事项就达 1800 项。各省、自治区和直辖市也都大力推进行政审批制度改革，对省级政府部门的审批项目进行了清理和大幅度削减，一些地方已经着手进行第二轮和第三轮行政审批制度改革。行政审批制度改革还伴随着审批程序和方式的变革与创新，许多部门和地方都建立了行政审批中心，推行行政许可集中办理制度，通过一站式、窗口式办公、网上审批等形式，规范了行政审批程序，减少了行政审批环节，提高了行政审批工作的透明度和审批工作效率。

四是推动电子政务建设。实施政府上网工程建设、推进电子政务，是近年来各级政府管理方式变革的重要内容之一。1999 年 1 月，由中国电信和国家经贸委经济信息中心联合 40 多家部委办局信息主管部门共同倡议发起的“政府上网工程”正式启动。2002 年 7 月，国家信息化领导小组召开第二次会议，通过了《国民经济和社会信息化专项规划》、《关于我国电子政务建设的指导意见》。这些文件和措施，对于推进各级政府运用现代信息技术，更快捷、经济地履行有关职能，增加政府工作的透明度，提高工作效率和服务质量，改进行政管理方式和工作方法，产生了积极的影响。截至目前，中央人民政府和 73% 以上的地方政府（省、地、县）拥有了门户网站，93% 以上的国家部委建立了部门网站。北京、上海、青岛市等政府门户网站达到了较高的公共服务水平。

总之，改革开放以来，中国的行政管理体制改革取得了多方面进展，成效是显著的。这是中国在对外开放和发展社会主义市场经济的条件下，之所以能保持经济快速增长、社会安定团结、国家综合实力不断增强、人民总体生活水平不断提高的一个不可缺少的重要因素。

我国政府职能转变的基本方向

随着社会主义市场经济的建立和完善，政治体制改革的逐步深入，我国政府职能也在不断地转变和调整。20多年的实践证明，实现政府职能转变，一个基础性的问题就是要解决政府职能到底是什么。

在这个问题上，我们的认识越来越深化。胡锦涛总书记在中共中央政治局第二十七次集体学习时强调，在社会主义市场经济条件下，政府的主要职能是经济调节、市场监管、社会管理、公共服务。要以转变政府职能为重点，继续推进政企分开、政资分开、政事分开、政府与市场中介组织分开，加强宏观调控，减少规范行政审批，把政府职能切实转到经济调节、市场监管、社会管理、公共服务上来。胡锦涛同志在党的十七大报告中进一步强调，加快行政管理体制改革，建设服务型政府。行政管理体制改革是深化改革的重要环节。要抓紧制定行政管理体制改革总体方案，着力转变职能、理顺关系、优化结构、提高效能，形成权责一致、分工合理、决策科学、执行顺畅、监督有力的行政管理体制。健全政府职责体系，完善公共服务体系，推行电子政务，强化社会管理和公共服务。加快推进政企分开、政资分开、政事分开、政府与市场中介组织分开，规范行政行为，加强行政执法部门建设，减少和规范行政审批，减少政府对微观经济运行的干预。规范垂直管理部门和地方政府的关系。加大机构整合力度，探索实行职能有机统一的大部门体制，健全部门间协调配合机制。精简和规范各类议事协调机构及其办事机构，减少行政层次，降低行政成本，着力解决机构重叠、职责交叉、政出多门问题。

根据胡锦涛同志的讲话精神，可以说到目前为止，我国政府应当承担和履行的基本职能就是：经济调节、市场监管、社会管理、公共服务。政府职能的确定，为政府职能转变找到了正确的方向。

中国政府职能转变的基本方向是：从无所不为的“无限政府”转

变成有所必为的“有限政府”，把工作内容最终集中到规划制定、经济调节、市场监管、区域协调、社会管理和公共服务等方面上来；从热衷于“管、审、批”的干预型政府转变成致力于“扶、帮、助”的服务型政府，把工作任务集中到保障人民群众身心健康和财产安全、帮助企业排难解困上来；从主要是为国有经济服务的倾斜政府转变为整个社会服务的全面政府，把工作基点落实到解放和发展生产力、实现经济、社会和人的全面发展上来；从不受约束的自由政府转变成依法行政的法治政府，把工作规范统一到相关的法律法规上来。

十六大以来政府依法行政的新进展

党的十六大以来，以胡锦涛同志为总书记的党中央高度重视社会主义民主法制建设，对落实依法治国基本方略、推进依法行政作出了一系列重要部署。十六大把社会主义民主更加完善、社会主义法制更加完备、依法治国基本方略得到全面落实，作为全面建设小康社会的目标之一。十六届三中全会把推进依法行政，严格按照法定权限和程序行使权力、履行职责，作为落实科学发展观、完善社会主义市场经济体制的重要保证。十六届四中全会将保证国家机关依法行使职权、在法治轨道上推动各项工作的开展，作为提高党的执政能力的重要内容。党的十七大又进一步提出："全面落实依法治国基本方略，加快建设社会主义法治国家。推进依法行政。"根据党中央的统一部署，国务院积极行动，采取措施，全面推进依法行政取得了显著进展。对此，国务院法制办主任曹康泰同志从以下三个方面进行了概括。

第一，目标明确，措施有力。党的十六大以来，国务院和地方各级政府围绕建设法治政府这一目标，在推进依法行政方面采取了一系列重大举措，归纳起来主要有以下几个方面：

一是适应全面推进依法行政的要求，2004 年颁发了《全面推进依法行政实施纲要》，明确了今后十年全面推进依法行政的指导思想和具体目标、基本原则和要求以及主要任务和措施。《全面推进依法行政实施纲要》的制定和实施，在我国政府法制建设中具有里程碑意义，表明依法行政发展到了一个新的历史阶段。

二是以提高制度建设质量为中心，加强政府立法工作。国务院领导反复强调，提出法律草案和制定行政法规规章，不仅要符合宪法和法律的规定，遵循社会经济发展规律，反映最广大人民的根本利益和意愿，而且要增强针对性、可操作性，有效解决实际问题。在继续加强经济调节、市场监管方面立法的同时，更加注重社会管理、公共服务方面的立法，高度重视直接关系人民群众切身利益方面的立法。仅从 2003 年到 2007 年 7 月，共向全国人大常委会提交法律议案 33 件，制定行政法规 125 件，涉及经济调节、市场监管、行政法规社会管理、公务服务等各个方面。

三是完善应急管理的体制、机制和法制，提高预防和处理突发事件的能力。国务院总结防治“非典”、抗震救灾的经验，认真研究和加强政府应急管理工作，先后制定了《国家突发公共事件总体应急预案》及 100 多件专项和部门应急预案，制定了《突发公共卫生事件应急条例》、《重大动物疫情应急条例》等行政法规，向全国人大常委会提交了《传染病防治法（修订草案）》、《动物防疫法（修订草案）》、《突发事件应对法（草案）》等法律议案。

四是贯彻实施《行政许可法》，促进政府职能转变和管理方式创新。国务院高度重视《行政许可法》的贯彻实施，先后召开各省、自治区、直辖市政府和国务院各部门主要负责人参加的工作会议进行部署，举办省部级领导干部专题研讨班。各地方、各部门按照国务院的部署，对本地方、本部门的行政许可项目及其依据和实施主体进行了全面清理，取消和调整了一大批不合时宜、不尽合理的行政许可项目，废止和修改了一批行政许可依据，取消和调整了一批行政许可实施主体。

五是推进行政执法体制改革，规范行政执法行为。各省、自治区、直辖市政府按照国务院的部署和要求，积极开展相对集中行政处罚权工作，进行综合行政执法试点。相对集中行政处罚权和综合执法的领域已从最初的城市管理逐步扩展到文化、旅游、矿山安全、农业、林业、水利、交通等领域，有效整合了分散的执法力量，减少了执法人员，提高了执法效能，较好地解决了多头执法、相互扯皮、执法扰民的问题。

六是推行行政执法责任制，确保法律法规正确实施。2005 年 7 月 9 日，国务院办公厅印发了《关于推行行政执法责任制的若干意见》。根据《若干意见》的要求，各地方和各部门依法界定执法职责，科学设定执法岗位，规范执法程序，建立健全执法主体资格制度和行政执法案卷评查制度，建立评议考核制和错案追究制，积极探索行政执法绩效评估办法。修改、废止了一批职责交叉或者与上位法相抵触的执法依据，清理了一些不合法的行政执法主体，一定程度上理顺了执法关系，提高了行政执法的质量和水平。

七是进一步加强法规规章的备案审查工作，建立规范性文件备案审查制度。国务院法制办负责对报国务院备案的地方性法规、规章进行审查，发现问题及时作出处理。各地积极研究建立地方四级政府、三级监督的规范性文件备案审查制度，有效地维护了法制统一和政令畅通。

八是加强行政复议工作，及时解决行政纠纷。国务院高度重视行政复议工作，注重通过行政复议，加强对各部门和省级政府的监督，及时解决行政争议、化解社会矛盾。2006 年 9 月，中办、国办印发了《关于预防和化解行政争议健全行政争议解决机制的意见》，对加强新形势下行政复议工作提出明确要求。12 月，国务院召开全国行政复议工作座谈会，对进一步加强行政复议工作作出全面部署。2007 年 5 月，国务院发布了《行政复议法实施条例》，对行政复议的一些基本制度具体化，增强可操作性，进一步畅通行政复议渠道。各地方各部门认真贯彻《行政复议法》和国务院要求，不断完善行政复议的配套制度和具体程序，通过多种方式，努力提高行政复议的质量和效率，使行政复议工作在解决行政纠纷、促进依法行政、密切政府同人民群众关系、化解社会矛盾、维护社会和谐稳定方面发挥了重要作用。

九是着力推进基层政府依法行政，夯实基础，加快法治政府建设步伐。推进依法行政、建设法治政府，重点在基层，难点也在基层。国务院高度重视推进基层政府依法行政工作，2007 年 7 月，国务院召开了全国市县政府依法行政工作会议，总结交流工作成绩和经验，分析存在的主要问题，对今后一个时期推进市县政府依法行政工作作出全面部署。这将对我国基层政府依法行政工作起到极大的促进作用。

第二，全面推进，成效显著。党的十六大以来，国务院推进依法行政的一个显著特点是全面推进，要求各级政府及政府各部门自觉地把依法行政作为政府工作的基本准则，贯彻于政府工作的各个领域、各个环节，全面提高依法行政的能力和水平。经过各级行政机关共同努力，推进依法行政、建设法治政府工作取得了显著成效。主要表现在以下六个方面：

一是行政机关依法行政的意识普遍增强，依法行政的能力和水平进一步提高，依法行政已经成为绝大多数行政机关工作的基本准则。许多地方政府和部门在发布施行重要文件或工作措施前，首先进行合法性审查，防止违法行政行为发生；行政机关在处理重大问题时依法决策、依法处理的自觉性明显增强，越来越注重运用法律手段管理经济和社会事务，有效预防和化解了许多容易引发社会不稳定情况的矛盾与纠纷。

二是制度建设质量明显提高。依法享有立法权的地方政府和国务院部门围绕党和国家的中心工作，重视拟订立法工作安排，增强政府立法工作的计划性；注重深入调查研究，通过论证会、听证会以及向社会公布法规规章草案等方式，广泛征求意见，提高政府立法的科学性和透明度。从本届政府的立法实践来看，无论是提出的法律草案、地方性法规草案，还是制定的行政法规规章，针对性和可操作性都明显增强。

三是政府决策的科学化、民主化程度明显提高。各地方各部门通过建立健全重大事项决策的集体讨论、专家论证、社会公示和听证、决策跟踪与评估、决策失误责任追究等制度，完善了群众参与、专家咨询和政府决策相结合的决策机制，有效避免了政府决策的盲目性和随意性，防止和减少了决策失误发生。

四是政府职能进一步转变，行政管理方式不断创新。许多地方和部门通过贯彻行政许可法，减少行政审批事项，充分发挥市场自我调节，社会中介机构和行业组织依法自我管理，公民、法人和其他组织依法自我决定有关事项的作用，减少了政府对经济和社会事务的不必要干预。同时，对保留的行政许可事项进行规范，结合政务公开，积极推行社会听证、专家咨询论证和审批公示等制度，建立和完善责任追究制度和信息反馈机制，加强监督制约。越来越多的地方和部门还通过“一个窗口对外”、“行政服务中心”等方式，推进政府管理方式创新，更好地为基层和群众服务。

五是通过理顺行政执法体制，规范执法程序，加强执法监督，行政执法状况不断改善。许多地方和部门通过认真开展相对集中行政处罚权工作和综合执法试点，较好地解决了多头执法、重复执法、随意执法的问题；通过建立行政执法责任制和考核评议制，规范行政自由裁量权的行使，采取多种形式开展行政执法检查，执法监督取得了明显成效，行政执法的规范性有了显著提高。

六是依法行政理论研究取得重要进展。随着依法行政的推进，法学理论工作者和实际工作者密切配合，坚持理论联系实际，从不同角度对依法行政的基本范畴、基本理论、基本原则和实际问题进行深入研究，为依法行政的实践提供了有力的理论支持。

第三，丰富的实践，宝贵的启示。党的十六大以来，推进依法行政的丰富实践，进一步深化了对推进依法行政、建设法治政府的规律性认识，获得了许多宝贵的启示。

一是必须坚持宪法原则。宪法所确立的基本原则、国家根本制度和对公民基本权利义务的规定，体现了全国各族人民的共同意志和根本利益，是一切国家机关和武装力量、各政党和社会团体的根本活动准则。依法行政，首先必须依宪法行政。只有坚持宪法原则，才能保证依法行政的正确方向。

二是必须坚持以人为本，把维护最广大人民的根本利益作为依法行政的出发点和落脚点。依法行政的本质是政府按照体现党的主张和人民意志的法律法规行使权力、履行职责，为人民谋福利。推进依法行政，必须把促进人的全面发展，反映人民群众的呼声和意愿，实现好、维护好、发展好最广大人民的根本利益作为根本标准，才能取得实效。

三是必须紧紧围绕深入贯彻落实科学发展观，为促进经济社会全面协调可持续发展提供法制保障。只有以科学发展观为指导，通过建立健全公正的法律制度，科学民主的决策机制，廉洁高效的行政管理和行政监督体制，方便快捷、低成本的防范和化解社会矛盾机制，推进依法行政，才能统筹城乡、区域、经济与社会、人与自然以及国内发展和对外开放等各项事业的协调发展。

四是必须处理好改革发展稳定的关系。推进依法行政，必须坚持改革的精神、发展的思路、稳定的理念，善于通过建立健全有效的法律制度，并严格行政执法，强化监督，积极稳妥地解决改革发展稳定中的矛盾和问题，把改革的力度、发展的速度和社会可承受的程度有机统一起来，确保人民安居乐业、社会安定有序、国家长治久安。

五是必须不断提高行政机关工作人员依法行政的观念和能力。推进依法行政，必须提高行政机关工作人员特别是领导干部的依法行政意识，使依法行政从理念转化为自觉的行动，把依法行政贯穿于行政管理的整个过程、各个环节，有效解决经济社会发展中的矛盾和问题。

六是必须科学规划，坚持不懈。推进依法行政、建设法治政府，是一项长期的、全局性的系统工程，涉及政府工作的方方面面，任务十分艰巨。必须科学制订规划，精心组织实施，重点突破，稳步推进，加强监督检查，持之以恒，不断取得实效。

第三章

千里之行始于“法”下

——依法行政之据

宪法乃依法行政之“本”

我国《宪法》明确规定：中华人民共和国的一切权力属于人民。国家权力不能是一种抽象的东西，它包括如立法权、司法权、行政权等在内的一切国家权力，又总是要由一定的机关、人来行使。因此，依法行政，就是行政机关及其工作人员行使行政权力必须以法律为依据。

第一，有法可依是依法行政的前提。立法是依法行政的第一步。那么，法从哪里来呢？在我国的现阶段，根据我国的《宪法》、《立法法》、《组织法》的规定，我国的立法权是这样安排的：

一是中央一级的立法权。中央一级的立法权，包括两个方面：(1) 最高国家权力机关及其常设机关：全国人民代表大会修改宪法，制定和修改刑事、民事、国家机构的和其他的基本法律。全国人民代表大会常务委员会解释宪法，制定和修改除应当由全国人民代表大会制定的法律以外的其他法律；在全国人民代表大会闭会期间，对全国人民代表大会制定的法律进行部分补充和修改，但是不得同该法律的基本原则相抵触。(2) 最高国家行政机关及其所属机关：国务院根据宪法和法律，规定行政措施，制定行政法规，发布决定和命令；向全国人民代表大会或者全国人民代表大会常务委员会提出法律议案；各部、各委员会根据法律和国务院的行政法规、决定、命令，在本部门的权限内，发布命令、指示和规章。

二是地方一级的立法权。地方一级的立法权，也包括两个方面：(1) 地方各级权力机关及其常设机关：地方各级人民代表大会在本行政区域内，依照法律规定的权限，通过和发布决议，省、直辖市的人民代表大会和它们的常务委员会，在不同宪法、法律、行政法规相抵触的前提下，可以制定地方性法规，报全国人民代表大会备案。省、自治区的人民政府所在地的市和经国务院批准的较大的市的人民代表大会在特定条件下也可以制定地方性法规。民族自治地方的人民代表大会有权依照当地民族的政治、经济和文化特点，制定自治条例和单行条例。自治区的自治条例和单行条例，报全国人民代表大会常务委员会批准后生效。自治州、自治县的自治条例和单行条例，报省或自治区人民代表大会常务委员会批准后生效，并报全国人民代表大会常务委员会备案。(2) 地方各级行政机关：县级以上地方各级人民政府依照法律规定的权限在本行政区内发布决定和命令。省、自治区、直辖市以及省、自治区人民政府所在地的市和经国务院批准的较大的市的人民政府，可以依照法律和行政法规，制定规章。

上述权力机关和行政机关的决议、决定、命令如果具备了法的特征，符合规范性法律文件要求的，都属于“法”的范畴，都是行政机关及其工作人员依法行政之“本”。

第二，宪法效力至高无上。在我国庞大的法律体系中，虽然所有的法律都是必须执行的，但各种法的效力并不是平衡的，而是有等级可分的。法的效力，是指法的强制性和约束力。在中国特色社会主义法律体系中，宪法是根本大法，对整个国家生活和社会生活具有最高的法律效力。这是因为：首先，宪法处于一国法律规范体系的最上层，是其他法律规范的最终依据，而且，其他法律法规都不得与宪法相抵触，任何违宪的法律不得生效或者须经由特定机关宣告其无效。其次，宪法是一切组织和个人活动的根本准则，任何行为都不得违反宪法的规定。宪法效力的最高性是相对于其他法律而言的，宪法的效力高于普通法律，称之为宪法的至上性。宪法效力具有最高性的实质意义在于：一般法律规范与宪法条文相抵触时，一般法律规范失去效力，宪法条文可成为直接适用的依据。

当然，宪法的效力并不取决于宪法如何宣告，关键在于落实。如我国发生“文化大革命”那样的历史性灾难，不是因为没有宪法，也不是因为法律太少，而是因为宪法没有真正走进老百姓的生活，没有一个宪法适用、监督的机构，因而对于一些组织、机关、人员的行为是不是违反宪法的行为、对违反宪法的行为该作何处罚等，就会被人们所漠视。总结这个教训，非常有必要建立健全违宪审查制度。

所谓违宪审查制度，就是拥有宪法解释权和宪法监督权的特定国家机关，依照一定的程序，审查和裁决一切法律、法令、命令和处分是否符合宪法；审查和裁决一切行为，包括立法行为、司法行为、行政行为及其他社会组织和个人的行为是否合乎宪法规定，以维护宪法的权威，保证宪法全面实施的制度。我国目前的宪法监督主要侧重于立法监督，对于如何监督司法行为、行政行为及其他违反宪法规定的行为，或者没有规定，或规定得十分模糊，而实际中的一些违宪行为造成对公民宪法权利的侵害却无法通过诉讼获得救济。宪法不能作为“法”来保障公民的权利，公民不能以宪法来防止国家权力对自身合法权益的侵害。在这种情况下，人们又如何相信宪法是根本大法？为此，应尽快设立专门的宪法适用机构，明确界定违宪主体和规定违宪应负的法律责任，赋予违宪审查机构独立的宪法适用权力。总之，就要通过多种措施，保证宪法的实施，维护宪法的尊严，彰显宪法效力的至高无上。在行政实践中，坚持宪法至高无上，重要的是须做到两个方面：

一是凡是违背宪法精神的法规都应当服从宪法精神。宪法作为国家的根本大法，其条文的规定只能是根本的、原则性的，不可能具体到每一个具体事件或行为。但客观实践中生动多样、具体繁杂的，因此，对一些具体的事件或行为的规定只能借助于具体的行政法规来规范，但有一点是肯定的，那就是行政法规不论多么具体、详细，都不能与宪法相违背。一旦违背了宪法精神，就要无条件地服从宪法。请看下面这一案例：中国乙肝歧视第一案[①]。

张××，“中国乙肝歧视第一案”的主角。张××是安徽芜湖人，大学毕业后，参加了安徽省国家公务员考试，他的笔试和面试成绩在其所报考职位的近百名竞争者中排在第一位，然而在随后的体检中，他被查出感染了乙肝病毒，芜湖人事局宣布张××因体检不合格不被录取。11 月 10 日，张××正式向当地法院提起行政诉讼，状告人事部门“歧视乙肝患者”。

张××被人事部门判为体检不合格不予录取的依据，是 1999 年颁行的《安徽省国家公务员录用体检实施细则》。细则规定，只要携带乙肝病毒，包括大三阳、小三阳，不论其传染性大小或有无传染性，都不能录用为公务员。

在这之后，有 1611 位公民联名呼吁对 31 省市公务员招考规定进行

---

① 引自 2003 年 11 月 26 日《网易商业报道》：《乙肝歧视引发争议 1611 位公民联名呼吁违宪审查》，参见相关报道。

违宪审查，认为这种“乙肝歧视”严重侵犯了《中华人民共和国宪法》赋予公民的劳动权和平等权。

法治正是在每个公民争取自己权利的过程中进步的。正是在“中国乙肝歧视第一案”的促动下，2004 年 8 月 1 日至 8 月 31 日，人事部办公厅、卫生部办公厅就《公务员录用体检通用标准（试行）》在网站上面向社会公开征求意见，并在上海召开了专家论证会，对网上征集的意见逐条进行了深入论证，在对标准修改、完善后，又再次面向社会公开征求意见，其中第一条就是关于乙肝病毒携带者的问题。2005 年 1 月，国家人事部、卫生部推出《公务员录用体检通用标准（试行）》，正式取消对乙肝携带者的限制。此举具有标杆性的意义，部分企业开始效仿，歧视的坚冰出现裂缝。随后，在 2007 年十届全国人大常委会第二十九次会议表决通过的《就业促进法》，2009 年 2 月十一届全国人大常委会第七次会议第四审通过的《中华人民共和国食品安全法》等重要法律中，都取消了对乙肝及肝炎病原携带者的限制，有效地维护了这部分群体所享有的宪法赋予公民的劳动权和平等权。

因此，在行政机关及其工作人员行使行政权力的实践中，坚持宪法至高无上，就要做到：一是在已有宪法和法律规定的情况下，任何其他法律规范，包括行政法规、地方性法规和规章，都不得与法律相抵触，凡有抵触，都以宪法和法律为准；二是在宪法和法律尚无规定，其他法律规范作了规定时，一旦宪法和法律就此事项作出规定，那么就必须坚持宪法和法律优先，其他法律规范的规定都必须服从宪法和法律。

二是下位阶法服从上位阶法。在我国的法律体系中，有的法律法规是全国人大及其常委会制定的，有的是行政机关如国务院或各部委制定的；有的是上级行政机关制定的，有的是本级行政机关制定的。在这不同层级的法律规范中，如果对某些具体条文的规定是一致的，问题还比较好办，但在实践中不同层级的法律规范的具体内容存在不一致则是一种较为常见的现象，也就是出现了法规与法律打架的问题，这时作为行政机关及其工作人员该如何行使行政权力呢？一般说来，应当做到：在上位阶法律规范尚无规定时，下位阶规范可以作出规定，而一旦上位阶规范就此事有了规定，下位阶规范必须服从，以此来解决下位阶法规与上位阶法律之间相互打架的问题。

请看下面这一案例：种子公司甲与种子公司乙签订合同，约定由乙代为培育玉米种子。后来，甲以乙没有履约为由诉至某市中级法院，请求赔偿。虽然乙同意赔偿，但在赔多少钱上，双方争执不下。该案承办法官发现，原被告双方争议的一个焦点是：种子价格是适用市场价还是政府指导价——根据某省人大常委会先前出台的《某省农作物种子管理条例》，应该适用政府指导价；但根据后来颁发的《价格法》和《种子法》，应该适用市场价。在这种情况下，某市中级法院作出一审判决，判决书认为："《某省农作物种子管理条例》作为法律位阶较低的地方性法规，其与《种子法》相冲突的条款自然无效。"法官判令乙按市场价进行赔偿。

显然这里是地方性法规与法律的"打架"。按照法律优位的原则，在已有法律规定的情况下，任何其他法律规范，包括行政法规、地方性法规和规章，都不得与法律相抵触，凡有抵触，都以法律为准。《立法法》第五章"适用与备案"中第79条的规定也是非常明确的：法律的效力高于行政法规、地方性法规、规章，行政法规的效力高于地方性法规、规章。《价格法》、《种子法》系法律，高于河南省人大常委会《河南省农作物种子管理条例》是没有任何异议的。《立法法》第88条规定："全国人民代表大会常务委员会有权撤销同宪法、法律和行政法规相抵触的地方性法规。"

总之，宪法应当具有至高无上的效力，但这种效力不是"天上掉下来的"，也不在于人们的愿望。那么，这种效力靠什么呢？要靠法律来维护（前提是不得违宪），因为能够侵害宪法权威的是权力，而行政机关又拥有庞大的权力。因此，在法律和行政机关的关系上，行政机关必须受法律约束，即坚持依法行政，特别是要依宪法行政。宪法高于一切。行政机关不论办任何事情，都必须有法律依据，特别是要符合宪法精神，不得在无宪法或法律依据的情况下设定自己的权力、增设自己的权力。正如温家宝总理在2004年就曾强调的：依法治国，最根本的是依宪治国；依法行政，最根本的是依宪行政。各级政府都要把宪法作为根本的行为准则，严格按照法定权限和程序行使权力、履行职责。所有政府工作人员都要学会并善于依法处理经济社会事务，提高依法行政能力。

“行政法是小宪法”

宪法是一个国家法律体系的根本大法。在宪法中关于权力的分配也好，权利的确认也好，不可能是详细的规定，比较详细的规定还得靠具体的法律。其中，行政法是最主要的，难怪有人认为“行政法是小宪法”、“是动态的宪法”。这种说法准不准确暂且不说，至少表明行政法具有宪法的某些基本属性，即控权的属性。因此，可以说，行政法就是保证行政权力合法性的法，就是规范行政工作人员合法行政、合理行政的法。

第一，行政权力的合法性。行政权力的合法性，也就是权力的来源、行使都要有法律依据，并对权力行使的后果承担法律责任。具体来讲，一是行政机关能够做什么和不能够做什么，要有法律依据。这些一般反映在行政组织法和行政行为法中，如《中华人民共和国行政处罚法》规定行政机关可以作出警告、罚款、没收、责令停产停业等类型的行政处罚。二是行政机关对自己应当做的事怎么做，要依据法律。这类规则是一些程序性规则，是有关行政机关如何活动的规则，如《中华人民共和国治安管理处罚条例》、《公安机关办理行政案件程序规定》规定公安机关可以行使行政拘留权，同时规定了行政拘留的具体程序；必须遵守立案、传唤、裁决、执行等环节。三是行政机关作了自己不应当做的事怎么办，要依据法律。这是一些制裁性规范，如行政机关在处罚时，违背了实体法和程序法的内容应当承担行政、刑事等法律责任，对自己的行为后果负责。

2004 年 3 月，国务院印发的《全面推进依法行政实施纲要》，特别强调了合法行政问题。所谓合法行政，是指行政机关实施行政管理，应当依照法律、法规、规章的规定进行；没有法律、法规、规章的规定，行政机关不得作出影响公民、法人和其他组织合法权益或者增加公民、法人和其他组织义务的决定。在实际当中违法行政的现象比较突出。比如，某派出所民警在没有穿警服、也没有出示警证和搜查证的情况下，强行于深夜进入一对夫妻的家中，以有人举报其看“黄碟”为名进行搜查。因这对夫妻不配合，遂将丈夫带到派出所，并对其拳打脚踢，并以“涉嫌妨害公务”刑事拘留近3个月，致使其神情呆滞，行为异常，后被医院精神神经科诊断为“急性应激性障碍”。

这个案例中，首先，在自己家里面看“黄碟”属于派出所职权管辖的事吗？如果这样，有多少人都可以被抓去了？其次，我国宪法规定：公民的住宅不受侵犯，禁止非法搜查或非法侵入公民住宅。这就是公民的住宅权。不管出于什么原因，行政机关及其工作人员去检查、搜查，制服要穿、证件要带、搜查证要有，扣押物品起码要有一个清单。同时，行政执法必须讲究文明，必须按法律程序，动辄打人总是不合法的。

因此，事后当地专门成立了协调小组，就派出所有关人员向这对夫妻赔礼道歉、补偿丈夫的医疗费及误工费、对案件负有直接责任的领导和经办人员给予处理等方面，达成了协议。这里我们看出了合法行政的重要性。

第二，行政权力的合理性。权力合法性是权力行使的前提，如果都能做到当然很好，但法律本身有自己的局限性，行政事务的复杂性还需要发挥人的能动作用，行政自由裁量权不可缺少，而自由裁量权又是非常广泛、最难控制的。因此，2004年3月，国务院印发的《全面推进依法行政实施纲要》，在强调行政合法的同时，也着重强调了合理行政。

所谓合理行政是指行政机关实施行政管理，应当遵循公平、公正的原则，平等对待行政管理相对人，不偏私、不歧视，行使自由裁量权应当符合法律目的，排除不相关因素的干扰；所采取的措施和手段应当必要、适当；行政机关实施行政管理可以采用多种方式实现行政目的的，应当避免采用损害当事人权益的方式。可见，行政合理性就是针对自由裁量权行使的，它是指行政权的行使要客观、适度，符合公理。

所谓自由裁量的行为，是指行政机关在法律积极明示或消极默许的范围内，按照行政的目的，自由斟酌选择自己认为正确的行为。具体包括以下几点：一是在法律没有规定限制条件的情况下，行政机关在不违反宪法和法律的前提下，可以采取必要的行为。这种自由裁量权很大，只要该行政机关具有相应的职权，它所采取的行为，当属合法。二是法律只规定了模糊的标准，而没有规定明确的范围和方式。相对第一种情况，这种自由裁量权较小。行政机关可以根据实际情况和对标准的合理解释，行使自由裁量权。三是法律规定了具体明确的范围和方式，但是同时又规定了范围和方式的一定幅度。这种自由裁量的权力更小一些，行政机关可以在法律规定的幅度范围内选择裁量。四是在紧急情况下，为了维护社会秩序和公共利益，行政机关可超越法律的限制采取适当的措施。例如在战争、流行病害、自然灾害等情况下，行政机关为维护公共利益而采取的适当的行为会超出法律的规定。这种情况从形式上讲不符合法律，但实质上是合理的。这就是行政法上所称的“应急性原则”。“应急性原则”也是行政机关行使自由裁量权的一种表现形式。

总之，国家的法律80%以上都是政府在执行，政府不再是传统意义上的管理者，而是执法者。执法不是为执法而执法，而是要在具体的执法过程中促进公民的利益，即执法为民。这才是执法本身的根本目的。法的背后就是利益。行政执法者的每一项权力的行使，多少都会影响到相对人的人身权利和财产权利，而这些权利又是在市场经济、民主社会中不可缺少、发展自己的前提与基础。人们的需求就是人们的利益，这种利益如果得到了法律的认同就是权利；如果多数人、正常人的理性都把某种利益视为“应该”、“正当”、“合理”，那么这种利益就是“自然权利”，如果这些“自然权利”有了法律的保障，就是现实的权利。人们的权利得到保障，需求就可能得到满足；需求得到满足就会焕发出“积极性”，有了积极性，社会就有活力，财富就会增加，大家日子都好过，社会就会进步。这就是为什么要尊重人权，维护权利的理由。因此，在行政执法的过程中，应按照《全面推进依法行政实施纲要》的规定，必须把维护最广大人民的根本利益作为政府工作的出发点；必须维护宪法权威，确保法制统一和政令畅通；必须把发展作为执政兴国的第一要务，坚持以人为本和全面、协调、可持续的发展观，促进经济社会和人的全面发展；必须把坚持依法行政与提高行政效率统一起来，做到既严格依法办事，又积极履行职责；必须坚持既合法执法，又合理执法。

“自己给自己立法”

当今世界各国的实践表明，立法机关的立法难以适应社会迅速发展的要求，使依法行政在许多时候出现法律空白或真空地带。为解决这个问题，行政机关自己给自己制定了大量的行政法律和行政规章。这是行政权扩张的一个重要表现。

从世界范围来看，行政权的不断扩张已经是一个不可争辩的事实。这种情况即使是在完全按照资产阶级理想模式建立起国家的美国，也是十分突出的。如美国议会把握着立法权限，但是议案是由政府向国会提出的，且总统享有对已通过法案的否决权。而且社会发展到现代，经济以前所未有的速度膨胀和发展，经济的社会化甚至国际化，致使政府干预社会、经济生活已在所难免，其中一个突出的表现就是国会不得不将大量的事项委托给行政机关来立法，以致行政机关的立法数量远远超出议会立法。

在我国也是如此，据全国人大常委会法制工作委员会副主任信春鹰在国务院新闻办举行的一次新闻发布会上介绍，截至 2008 年 8 月底，全国人大及其常委会共制定现行有效的法律 229 件。这些法律涵盖了宪法及宪法相关法、民商法、行政法、经济法、社会法、刑法、诉讼及非诉讼程序法等七个法律部门。此外，国务院共制定了现行有效的行政法规 682 件；地方人大及其常委会共制定了现行有效的地方性法规 7000 余件；民族自治地方人大共制定了现行有效的自治条例和单行条例 600 余件；5 个经济特区共制定了现行有效的法规 200 余件；国务院部门和有立法权的地方政府共制定规章 2 万余件。这一方面表明，在我国，以宪法为核心，以法律为主干，包括行政法规、地方性法规等规范性文件在内，由七个法律部门、三个层次法律规范构成的中国特色社会主义法律体系已经基本形成。国家经济、政治、文化、社会生活的各个方面基本做到有法可依，为依法治国、建设社会主义法治国家、实现国家的长治久安提供了有力的法治保障，也为行政机关及其工作人员依法行政提供了基本的依据。同时也表明，我国行政机关的立法数量远远超出人大的立法，在多数情况下，行政机关及其工作人员是在自己给自己立法，是自己在执行自己的所立之法。

那么，为什么行政机关要自己给自己制定法规，或者说行政机关这样一个本来应当是执法的机构为什么又同时拥有行政立法权呢？这从根本上说在于以下两个原因。

一是符合宪法精神。我国《宪法》第89条第（1）项规定，国务院有权“根据宪法和法律，规定行政措施，制定行政法规，发布决定和命令”。从而，国务院就拥有了行政立法权。《宪法》第90条第2款规定，国务院“各部、各委员会根据法律和国务院的行政法规、决定、命令，在本部门的权限内，发布命令、指示和规章”；《地方组织法》第51条第（1）项规定，“省、自治区、直辖市以及省、自治区的人民政府所在地的市和经国务院批准的较大的市的人民政府，还可以根据法律和国务院的行政法规，制定规章”。

二是授权立法。是指行政机关依照法律、法规授权或者依照国家权力机关或上级行政机关专门授权决议而进行的立法活动。授权立法有如下三种形式：（1）权力机关通过法律条款明确授权行政机关制定某法的实施办法或实施细则。（2）上级行政机关对下级行政机关的授权（法规授权或行政授权）。如国务院发布的《耕地占用税暂行条例》第15条规定，本条例“实施办法，由各省、自治区、直辖市人民政府根据本条例的规定，结合本地区的实际情况制定，并报财政部备案”。（3）权力机关通过专门授权决议授予行政机关本应由其自身行使的一定的立法权。如1985年4月10日第六届全国人大第三次会议通过了《关于授权国务院在经济体制改革和对外开放方面可以制定暂行的规定或者条例的决定》。根据上述规定，国务院的立法权限是制定行政法规，依照最高权力机关授权，制定某些具有法律效力的暂行规定和条例，批准、改变、撤销规章。国务院各部委的立法权限是制定部门规章；省、自治区、直辖市人民政府，省、自治区人民政府所在地的市人民政府和经国务院批准的较大的市人民政府，有权根据法律和法规制定地方性规章。

行政立法与国家权力机关的立法活动及具体的行政行为相比，具有以下特征：

一是行政立法的主体，是特定的国家行政机关。行政立法的主体是特定的行政机关，而不是所有的行政机关都具有行政立法权。所谓特定的行政机关，是指法律规定的具有立法权限的行政机关。我国的《宪法》和《立法法》明确规定，有行政立法权的行政机关是指国务院，国务院各部、委员会，中国人民银行、审计署和具有行政管理职能的直属机构，省、自治区、直辖市人民政府，省级人民政府所在地的市政府、经济特区所在地的市政府和经国务院批准的较大的市的人民政府。权力机关立法的主体是人民代表大会及其常委会。它们之间的关系是行政机关由人民代表大会选举产生并受其监督。行政机关是人民代表大会的执行机关，行政机关的行政立法权来源于宪法、法律和法规的授予或国家权力机关的授予。

二是行政立法的内容，是有关公共管理具体事务。行政立法是为着规范有关国家政治、经济、文化事务中的具体管理问题的立法。行政立法作为特定行政机关的一种职权，不能超出行政机关的职权范围，因此，行政立法机关不能对任何事项都立法，只能就法律规定的、与公共管理活动相关的事项进行立法。而国家权力机关立法的内容主要是有关国家政治、经济、文化生活最重大、最基本的事项。

三是行政立法的性质，属于准立法性质。行政立法属于法的范畴，具有法的基本特征：普遍性、规范性、强制性和持续性。所谓普遍性，是指行政立法的内容不是针对某一具体人、某一具体事，而是针对非特定人、非特定事；所谓规范性，是指行政立法对人们行为和事项的规范作用；所谓强制性，是指行政立法对个人、组织具有强制力，个人、组织必须遵守行政法规和规章，否则就会受到行政处罚；所谓持续性，是指行政立法不仅当前有效，在今后调整类似事项时，也反复适用，直到该规范性文件被修改、撤销或废止。

四是行政立法的效力，低于国家权力机关立法的效力。行政立法的主要目的是执行和实施权力机关制定的法律，实现行政管理的职能。所以，行政立法具有从属性质，行政机关制定的行政法规和规章在效力上明显低于宪法和法律，行政法规不能与宪法与法律相抵触，规章不能与地方性法规相抵触，否则无效。

五是行政立法的范围，是行政机关在职权范围内或者授权范围内进行的立法。行政立法通常有职权立法和授权立法两种。职权立法是行政机关直接依照宪法和有关法律赋予的职权进行的行政立法。授权立法是指特定行政机关具体法律特别授权，或具有立法权的国家权力机关的授权而进行的行政立法。行政立法不得超出法定职权范围。

六是行政立法的过程，必须依照法定程序进行。行政法规和规章的制定遵循立法程序，一般要经过立项、起草、审查、决定和公布、备案等程序。

另外行政立法的形式，在不同级别也是有区别的，一般说来，国务院制定行政法规；国务院各部委制定部门规章；省、自治区、直辖市、较大市人民政府制定地方政府规章；各级政府和部门制定具有法规性质的其他规范性文件。

行政立法须规范

本来行政机关是执行立法机关制定的法律，现在它还可以自己立法又自己执行，这必然产生两个方面的结果。从一方面来看，主要是行政机关可以依据自身的工作实际，制定出更加具体、可行的法规和规章，以规范行政权力和行政行为。从另一个方面来看，行政机关的权力更多、更大了，这难免要存在不少问题：一是违反法律、行政法规的规定设定行政许可、行政收费、行政处罚和行政强制措施，具体表现为扩大或者缩小上位法规定的管理事项范围、增加或者减少上位法规定的种类、提高或者降低上位法规定的幅度；二是在有关市场经济活动的法规规章中，违反上位法规定或者自行设定实行地区封锁的内容；三是违反上位法规定，或者自行设定增加管理相对人义务的内容，或者自行设定降低或者减少管理相对人合法利益的内容；四是超越本地区、本部门的权限规定行政管理的有关事项和内容；五是法规规章的制定程序不符合法律、行政法规的规定。长期以来，地方政府职能部门既是执法者又是相关法规的起草者，这一双重角色导致“借法扩权”、“借法逐利”的现象难以杜绝、备受诟病。如何破解这一立法顽疾，规范行政立法，已经成为考验立法智慧的一道难题。在近年来各地的探索实践中，一般说来，就是要坚持“多管齐下”。

第一，通过程序来规范行政立法权。按照《立法法》的精神，国务院制定了《行政法规制定程序条例》、《规章制定程序条例》，对行政立法权的行使进行规范，即行政法规、规章的制定必须遵守四个方面的步骤。

一是立项。国务院每年年初编制本年度的立法工作计划。国务院有关部门认为需要制定行政法规的，应提前向国务院申请立项，并说明申请立项的依据，立项项目要解决的主要问题和拟确立的主要制度。立法工作计划由国务院法制机构编制，并报国务院审批。

二是起草。行政法规由国务院组织起草。由国务院的一个或者几个部门负责具体起草工作，也可由国务院法制机构起草或者组织起草，起草行政法规除应遵循《立法法》确定的原则，符合宪法、法律的规定外，还应体现改革精神，科学规范行政行为，促进政府职能向经济调节、社会管理，公共服务转变；符合精简、统一、效能的原则；切实保障公民、法人、其他组织的合法权益；体现行政机关权责统一原则。起草时必须深入调查研究，总结实践经验，采取座谈会、论证会、听证会等多种形式，广泛听取意见，负责起草的部门还应就涉及其他部门职责或与其他部门关系紧密的规定，与相关部门充分协商，取得一致。起草完毕，起草部门应将草案送审稿，连同各种不同意见的情况说明，涉及有关管理体制和政策方针需要国务院决策的重大问题的解决方案以及其他相关材料，一并报送国务院审查决定。

三是审查。行政法规的送审稿先由国务院的法制机构负责审查。审查中如发现制定行政法规的基本条件不成熟或者对规定的制度争议较大，或者送审手续不完备的，国务院法律机构可以缓办或者送回起草部门。对准备送审的送审稿，国务院法制机构应将其（或者其涉及的主要问题）发送国务院有关部门，地方人民政府、有关组织和专家征求意见，重要的行政法规送审稿，经报国务院同意还可向社会公布，征求意见。对行政法规送审稿涉及的主要问题，国务院法制机构应深入基层，调查研究，听取方方面面的意见；对其所涉及的重大疑难问题，应当召集有关单位和专家的座谈会、论证会、听取意见、研究论证；对直接涉及公民、法人或者其他组织切身利益的，可举行听证会，广泛听取意见；对送审稿涉及的主要制度、方针政策、管理体制、权限分工等有不同意见的，国务院法制机构应进行协调，力求达成一致，不能一致的，法制机构应将争议的主要问题、有关部门的意见和法制机构的意见，报国务院决定。国务院法制机构经认真调查研究，并与起草部门协商后，应对送审稿进行修改，形成行政法规草案和对草案的说明，由法制机构主要负责人提请国务院常务会议审批，对其中调整范围单一，各方意见一致或者依据法律制定的配套法规草案，可以采取传批方式由国务院法制机构直接提请国务院审批。

四是决定与公布。经国务院常务会议审议或国务院审批的行政法规草案经国务院法制机构根据审议意见进行修改，形成修改稿后报请总理签署国务院令公布实施。签署公布后应及时在国务院公报及在全国发行的报纸上刊登。行政法规一般在公布之日起的30日后施行。有些涉及国家安全、货币政策、外汇汇率的确定，以及其他设立即施行的行政法规，也可自公布之日起施行。

第二，变单一主体、单一渠道为多主体、多渠道。要想避免部门利益法制化，转变地方法规草案起草的工作方式势在必行。如何变“部门立法”为“开门立法”，保障立法质量和立法效率两不误，各地在不断探索和创新。如有的地方政府组建立法专家库，由几十位来自法学、经济学、金融学、劳动和社会保障等方面的专家、学者，为立法提供智力支持，特别是对一些重要的、专业性较强的立法项目，采取委托立法研究、委托立法起草的方式，请专家提出立法研究报告和立法草案建议稿。有的地方政府试行“政府立法回避制度”，实施立法项目委托招标起草，由与立法项目没有明显利害关系的单位起草。这种由政府主管部门——单一主体和单一渠道向多主体、多渠道转变的行政立法方式，冲破了过去“部门立法”模式，可以避免起草法规成为某个部门、行业的一己之权，能有效提高立法的公正性，在一定程度上可以有效避免由行政主管部门负责起草而引发的“部门利益法制化”倾向。

第三，加强监督。加强对行政立法的监督，是保证立法公正性的一个重要举措。在实践中，一要加强人大常委会对行政法规的监督，在行政法规与宪法、法律相抵触时，行使撤销权；二要加强国务院对规章的备案审查制度，确实负起监督责任，使规章之间的不和谐、不统一消灭在最初，及时撤销或变更那些与法律法规不一致的规章；三是加强人民群众对行政立法的监督，落实《立法法》中的听证程序，并将立法听证法制化，保障立法听证的效果，使行政管理相对人有权站在利害关系人的立场上反映自己的意见。

行政许可很重要

行政许可是一种刚柔并济的行政管理方式，便于国家对经济和社会事务进行适度干预，因而为世界上许多国家所普遍采用。我国改革开放以来，政府行政管理机制和管理方式都发生很大变化，从单纯依靠计划和行政命令发展到运用多种手段对社会、经济事务进行管理，行政许可随之得到广泛运用。《行政许可法》是一部规范政府共同行为的重要法律（于2004年7月1日生效）。它的颁布施行对我国的经济生活和社会生活都将产生非常广泛而深远的影响。

根据我国《行政许可法》第2条规定："本法所称行政许可，是指行政机关根据公民、法人或者其他组织的申请，经依法审查，准予其从事特定活动的行为。"根据这一规定，行政许可有四个方面的特征：

第一，行政许可属于依申请行政行为。以行政行为的实施是行政主体依职权主动进行还是需以相对人首先提出申请为标准，行政行为可以划分为依职权的行政行为和依申请的行政行为。依职权的行政行为是行政主体依据法定职权，无须行政相对人提出申请即可主动实施的行政行为，如公安机关对社会治安的维护、海关对出入境货物和人员的查验等。依申请的行政行为是指行政行为的实施需以相对人的主动申请为前提条件，行政许可即是一种依申请的行政行为，行政机关不因行政相对人准备从事某项活动而主动给予许可，如颁发许可证或者授予资格等。

第二，行政许可是管理性行为。管理性主要体现为行政机关作出行政许可的单方面性。因此，不具有管理性特征的行为，即使冠以审批、登记的名称，也不属于行政许可。比如，行政机关以出资人的身份对国有资产处置事项的审批（特别是随着国有资产管理体制的改革，由国有资产管理委员会履行出资人的职责后，这类审批行为不再具有行政许可的性质）；行政机关为确认民事财产权利和民事关系的登记，如产权登记、抵押登记、特定身份登记等都不是行政许可。

第三，行政许可是外部行为。《行政许可法》第3条第2款规定："有关行政机关对其他机关或者对其直接管理的事业单位的人事、财务、外事等事项的审批，不适用本法。"根据本款规定，行政许可是行政机关针对行政相对人的一种管理行为，是管理经济和社会事务的外部行为。至于行政机关对其他行政机关（包括党的机关、国家其他机关、人民团体等），或者对机关直接管理的事业单位（如教育行政部门直接管理的学校、文化行政部门直接管理的文艺团体、卫生行政部门直接管理的医疗单位等）的人事、财务、外事等事项的审批，则属于内部管理行为，不属于行政许可。

第四，行政许可是一种授益性行政行为。以行为对相对人权益产生何种影响为标准，行政行为可以划分为授益行政行为和不利益行政行为。授予行政相对人权利或者使行政相对人取得利益的行为为授益行政行为。剥夺与限制行政相对人权益或者要求行政相对人履行负担型义务的行为是不利益行政行为。与行政处罚和行政征收等对行政相对人的权益予以剥夺和限制不同，行政许可是赋予行政相对人某种权利或者资格的行政行为，即免除被许可人某种不作为的义务，允许其从事某种活动。同时，授益行政行为与不利益行政行为常与依职权的行政行为和依申请的行政行为互为表里，授益性行政行为通常以行政相对人依法提出申请为前提，而不利益行政行为通常由行政机关依职权作出，行政许可作为授益性行政行为，如前所述，其亦是依申请的行政行为。实施行政许可的结果是，相对人获得了从事特定活动的权利或者资格。比如，开采矿山、从事律师职业。

行政许可作为一项重要的行政权力和管理方式，对维护公民人身财产安全和公共利益，加强经济宏观管理，保护并合理分配有限资源等，都有重要作用。但是，行政许可不是万能的，而且成本很高。要有效发挥行政许可的作用，必须正确认识、把握行政许可的功能。一般来说，行政许可最直接的功能主要体现在以下几个方面：

一是控制风险。以管理方式对相对人进行监控的阶段为标准，行政管理方式通常可以分为事前监管、事中监管和事后监管三种方式。行政许可属于事前监管方式。为了维护国家安全和公共利益、保护公民生命财产安全，设定行政许可，进行事前监管是必要的。但事前监管最大的弱点在于，其具有很强的主观性，许可的标准和条件往往取决于人们事前对某种活动可能发生的问题以及解决问题的办法的认知程度，其管理有效性的风险也较高。从行政管理的成本和效益看，一般来说，对那些可能发生系统性风险、很难通过事后补救的办法来消除影响或者即使有办法消除影响也需要付出超乎寻常的代价的问题，往往有必要采取事前监管手段，而对可能发生随机性、偶然性问题的一般事项则采取事后监管手段。因此，行政许可作为一种事前监管手段，其中的一项重要功能就是对可能发生的系统性风险提前设防，从源头上控制风险的发生。这一功能在对直接涉及公共安全、生态环境保护以及直接涉及人身健康、生命财产安全等特定活动的许可以及对直接关系公共安全、人身健康、生命财产安全的重要设备、设施、产品、物品，需要按照技术标准、技术规范，通过检疫、检验、检测等方式予以许可的事项中表现最为明显。如消防验收、生猪屠宰检疫、防洪工程设施验收等。

二是配置资源。在市场经济条件下，市场在资源配置方面发挥基础作用。但是，在有限资源领域，完全靠市场自发调节来进行资源配置会出现“失灵”，不仅导致资源配置的严重不公，而且还导致资源配置的低效率或者浪费。因此，由政府通过许可的方式配置有限资源，已成为世界各国的通行做法。在我国，行政许可源于计划经济，其在资源配置方面的功能发挥到了极致。在政府垄断了所有社会资源之后，企业从事生产经营活动所需的所有资源都只能依赖政府的行政配置，而政府配置资源的主要手段就是审批，于是，通过行政许可批项目、批资金、批物资，批一切可以批的东西，成为计划经济体制下政府经济管理的最主要内容。这一功能在涉及有限自然资源的开发利用、公共资源配置以及直接关系公共利益的特定行业市场准入的许可事项中表现得最为明显。如土地的开发利用、海域使用许可、电台频率的使用、电车线路的运营许可等。

三是提供某种公信力或者证明力。在纷繁复杂的社会、经济生活活动中，为了给人们提供某种合理预期，维护经济、社会生活的稳定，需要政府通过一定的方式，确立一些市场主体的特定主体资格或者确认其具有从事向公众提供服务并且直接关系公共利益的职业、行业所必需的某种特殊技能、特殊条件或者特殊信誉，从而使相对人在获得合法从事市场活动或者某些特定职业、行业的能力或者资格的同时，也获得了社会对其一定的承认。在这种情况下，行政许可实际上起着一种昭告社会，以此取信于民的公信力或者证明力的作用，意味着政府已向社会保证被许可人确有相关活动的能力。这一功能主要表现在对提供公众服务并且关系公共利益的职业、行业，需要确定具备特殊信誉、特殊条件或者特殊技术等资格、资质许可以及涉及企业或者其他组织的设立，需要确定市场主体资格的登记许可事项中。如各种资格、资质的赋予，企业或者其他组织的设立登记等。

按照行政许可的性质、功能和适用条件，可将行政许可划分为普通许可、特许、认可、核准、登记五类。

普通许可。是指行政机关确认自然人、法人或者其他组织是否具备从事特定活动的条件的许可方式。它是实践中运用最广泛的一种行政许可。根据行政许可法第12条第（1）项的规定，其适用于直接涉及国家安全、公共安全、经济宏观调控、生态环境保护以及直接关系人身健康、生命财产安全等特定活动，需要按照法定条件予以批准的事项。比如，《集会游行示威法》规定的集会游行示威许可、《商业银行法》规定的商业银行设立许可、《药品管理法》规定的药品经营许可、《危险化学品安全管理条例》规定的危险化学品生产许可等。普通许可的功能是防止危险和保障安全。其主要特征是，对相对人行使法定权利或者从事法律没有禁止但附有条件的活动的准许；一般没有数量限制；行政机关实施普通许可一般没有自由裁量权；能否取得许可与申请人自身条件有关；普通许可一般不得转让。

特许。是指行政机关代表国家向被许可人授予某种权利的许可方式，主要适用于自然资源的开发利用、公共资源的配置以及直接关系公共利益的特定行业的市场准入等，需要赋予特定权利的事项。比如，《海域使用管理法》规定的海域使用许可、《无线电管理条例》规定的无线电频率许可、《水污染防治法》规定的排污许可。特许的主要功能是分配稀缺资源。其主要特征是，特许一般有数量限制；行政机关实施特许一般有自由裁量权；相对人取得特许一般应当支付一定费用；特许可以在被许可人和符合条件的自然人、法人或者其他组织之间依法转让。

认可。是指行政机关确定申请人是否具备特殊信誉、特殊条件或者特殊技能的许可方式，主要适用于确定申请人是否具备从事提供公众服务并且直接关系公共利益的职业、行业所必需的特殊信誉、特殊条件或者特殊技能等资格、资质的事项。比如，《律师法》规定的律师资格、《注册会计师法》规定的会计师资格、《建筑法》规定的建筑施工企业资质，等等。认可的主要功能是确认从业水平或者某种技能、信誉。其主要特征是，一般都要通过考试、考核等方式并根据考试、考核结果决定是否给予认可；通常没有数量限制；行政机关实施认可一般没有自由裁量权；资格、资质认可与申请人的身份密切相联系，资格、资质许可不能转让。

核准。是指行政机关对某些事项是否达到特定技术标准、技术规范作出判断的许可方式，主要适用于直接关系公共安全、人身健康、生命财产安全的重要设备、设施、产品、物品，需要按照技术标准、技术规范，通过检验、检测、检疫等方式进行审定的事项。比如，《消防法》规定的消防验收、《国境卫生检疫法》规定的动植物进出境检疫等。核准的功能也是防止危险和保障安全。其主要特征是，是否给予许可的依据主要是技术性、专业性的；没有数量限制；一般要根据实地检验、核验、检测等作出决定；行政机关实施核准没有自由裁量权；核准与申请事项的自身条件有关，核准许可不能转让。

登记。是指行政机关确立企业或者其他组织主体资格的许可方式。比如，公司法规定的公司设立时的注册登记等。登记的主要功能是确立申请人的市场主体资格。其主要特征是，未经合法登记取得特定主体资格不得从事相关社会经济活动；没有数量限制；行政机关一般对申请登记的材料只进行形式审查，通常可以当场作出决定；行政机关实施登记没有自由裁量权；登记许可本身就是确立主体身份地位的许可，是不能转让的。

行政许可的一般程序，包括申请与受理，审查和决定，期限规定，听证制度，变更与延续等。

首先，申请与受理是实施行政许可的启动程序。行政行为的实施可以分为依职权实施的行政行为和依申请实施的行政行为。前者是行政主体依据法定职权，无须行政相对人提出申请即可主动实施的行政行为，如公安机关对社会治安的维护、海关对出入境货物和人员的查验等。后者是以行政相对人的主动申请为前提条件。行政许可即是一种依申请的行政行为，行政机关不因行政相对人准备从事某项活动而主动给予许可，如颁发许可证或者授予资格等，而以申请人有明确的申请行政许可的意思表示为前提。没有相对人的许可申请，行政机关是不可能主动赋予相对人许可的。公民、法人和其他社会组织作出自己有意申请行政许可的意思表示最通常的方式就是提出申请。因此，《行政许可法》明确规定，公民、法人和其他组织从事特定活动，依法需要取得行政许可的，应当向行政机关提出申请。只有公民、法人和其他组织依法提出申请，行政机关才有可能依法其申请进行审查，以作出是否给予许可的决定。公民、法人和其他组织的行政许可申请除了要明确表达其申请从事某项特定行政许可事项活动的意向，通常要按照行政机关公布的需要提交的材料的要求附送相关材料，以证明其满足了行政许可的条件、标准等。

行政机关收到申请人的行政许可申请后，首先要对申请人提交的申请材料进行形式审查，以确定申请事项是否属于依法需要取得行政许可的事项、是否属于本行政机关职权范围、申请人提交的材料是否齐全或者是否符合法定形式、是否存在需要补正的地方以及申请材料是否存在明显的计算、文字错误等。根据对申请人提交材料的形式审查，行政机关将区别下列五种不同情况对申请人的申请作出不同处理。对申请事项依法不需要取得行政许可的，应当即时告知申请人不受理，并出具加盖本行政机关专用印章和注明日期的书面凭证；对申请事项依法不属于本行政机关职权范围的，应当即时作出不予受理的决定，出具加盖本行政机关专用印章和注明日期的书面凭证，并告知申请人向有关行政机关申请；对申请材料存在可以当场更正的错误的，应当允许申请人当场更正；对申请材料不齐全或者不符合法定形式的，应当当场或者在5日内一次告知申请人需要补正的全部内容，逾期不告知的，自收到申请材料之日起即为受理；对申请事项属于本机关职权范围，申请材料齐全、符合法定形式的，或者申请人按照本行政机关的要求提交全部补正申请材料的，应当受理行政许可申请，并出具加盖本行政机关专用印章和注明日期的书面凭证。

其次，审查和决定。行政许可申请的审查程序是指行政机关对已经受理的申请人提交的行政许可申请材料进行审看、核查的过程。行政许可的决定程序是指行政机关根据对行政许可申请材料的审查结果作出是否给予行政许可的决定的过程。行政许可申请的审查程序在前，行政许可决定程序在后，审查的质量直接决定着行政许可决定的正确与否。作出是否给予行政许可的决定是行政许可申请审查程序的必然结果。审查，可分为形式审查、实质审查、层级审查等。形式审查是指行政机关依法只需要审查申请人提交的行政许可申请材料是否齐全、是否符合法定形式，而不需要对申请人提交的申请材料所反映情况的真实性进行核实，即可据此作出行政许可决定的一种审查机制。形式审查往往只适用于一些比较简单的行政许可事项。实质审查是指行政机关依法需要对申请人提交的行政许可申请材料所反映的情况的真实性进行进一步核查，然后根据核查结果作出是否给予行政许可决定的一种审查机制。层级审查，是由不同层级的行政机关逐级审查，先由下级行政机关审查同意，再送请上级行政机关审查，最后由上级行政机关作出是否给予行政许可决定。必须强调的是，由于申请人在提出行政许可申请时，其往往只考虑自身利益。但是，现实中，有的行政许可事项常常涉及他人重大利益，最典型的例子就是建筑工程许可、施工许可、规划许可或者排污许可等。为此，《行政许可法》规定，行政机关对行政许可申请进行审查时，发现行政许可事项直接关系他人重大利益的，应当告知该利害关系人。申请人、利害关系人有权进行陈述和申辩。行政机关应当听取申请人、利害关系人的意见。这种程序设计不仅可以维护与行政许可事项有重大利益关系的利害关系人的意见，而且也可以使行政机关有机会听取正反两方面不同的声音，增强行政机关决策的科学性。

行政机关收到申请人申请行政许可的申请材料后，要对申请材料进行审查。经审查确认申请人的申请材料齐全、符合法定形式，行政机关能够当场作出决定的，应当当场作出行政许可决定。在有些情况下，行政机关收到申请人申请行政许可的申请材料后，依法需要对申请人的申请材料的实质内容进行审验、核查，无法当场作出行政许可决定的，应当在法定期限内按照规定程序作出行政许可决定。这里的决定可以是准予行政许可的书面决定或者不准予行政许可的书面决定。这就在一定程度上约束了行政机关，既不能不作为，也不能乱作为。特别是对于不准予行政许可的决定，应当出具书面决定，并应当说明理由，告知申请人享有依法申请行政复议或者提起行政诉讼的权利。行政机关给予申请人行政许可，即意味着申请人获得了从事行政许可事项活动的权利，其具体体现比较简单的办法，就是向获得行政许可的公民、法人或者其他组织颁发行政许可证或其他能够证明的标志等。行政机关作出的准予行政许可决定，除涉及国家秘密、商业秘密和个人隐私的外，应当予以公开，公众有权查阅。这一方面适应现代社会满足民众知情权的需要，更主要的是可以便于人民群众监督行政机关是否依法实施行政许可，督促其依法行政；便于社会公众了解从事需要行政许可活动的公民、法人或者其他组织是否依法取得了行政许可，是否依法从事被许可的活动。

再次，期限制度。《行政许可法》确立了严格的期限制度，分别对一般情况下办理行政许可事项、统一办理、联合办理或者集中办理行政许可事项、通过层级审查办理行政许可事项的期限以及颁发行政许可证件的时间作了明确的规定。通常情况下行政许可事项的办理时间，一般从 3 天至 3 个月不等。现实中各地适应营造良好发展环境需要，行政许可的办理时间不断缩短、效率不断提高是一个趋势；统一办理、联合办理或者集中办理行政许可事项的时间，一般不得超过 45 日；层级审查行政许可事项的时限，一般在 20 日至 45 日；颁发、送达行政许可证件的时间，一般应当自作出决定之日起 10 日内向申请人颁发、送达行政许可证件或者加贴标签、加盖检验、检测、检疫印章。

又次，行政听证制度。行政听证制度是指行政机关在作出一项影响公民、法人或者其他组织权利义务关系的行政决定之前，应当给予公民、法人或其他组织参与并发表意见的机会，行政机关就相关事实和法律问题认真听取利害关系人意见，以保证行政决定合法、合理的程序性法律制度。听证制度被公认为现代程序法中的核心制度。听证可分为主动听证和依申请听证两种。主动听证是指当行政许可事项涉及社会重大公共利益，行政机关依职权主动举行听证的情况。依申请听证是指当申请人依法提出听证申请时行政机关举行的听证。其适用于行政许可直接涉及申请人与他人之间重大利益关系的许可事项。

最后，变更与延续。行政许可的变更，是指在被许可人取得行政许可后，其拟从事的活动的部分内容超出行政机关给予行政许可活动的范围，经申请，行政机关对原行政许可准予其从事的活动的相应范围予以改变的一种行政行为。变更行政许可是对被许可人已经取得的行政许可的内容进行变更，因此，被许可人应当在其取得的行政许可失效之前提出，并且应当向给予原行政许可的行政机关提出申请。变更行政许可与行政许可一样，也是行政机关依申请的一种行政行为，行政机关不会未经被许可人提出申请，而主动变更其原作出的行政许可决定。对被许可人提出的变更行政许可的申请，行政机关应当依法进行审查，经审查，确认被许可人提出的申请符合法定条件、标准的，行政机关应当依法办理变更手续。

行政许可的延续，是指在有期限的行政许可的有效期限到来之前，延长行政许可的有效期限，使原行政许可的效力得以继续的一种行为。被许可人提出延续行政许可有效期的，应当在行政许可有效期届满前的一定期间（一般为 30 日）内提出延续申请。作出原行政许可决定的行政机关在收到公民、法人或者其他组织要求延续行政许可的申请后，应当依法及时进行审查，并在行政许可有效期届满前作出是否准予延续行政许可的决定，以便被许可人在行政许可期限届满后能够持续、稳定地从事原行政许可活动。

还需要强调的是，行政许可在一些特殊情况下可以采用特许程序。行政机关实施行政许可时，应当首先考虑适用实施行政许可的特别程序，只有实施行政许可的特别程序没有特别规定时，才适用实施行政许可的一般程序。行政认可特许程序，主要适用于自然资源的开发利用、公共资源的配置以及直接关系公共利益的特定行业的市场准入等，需要赋予特定权利的事项。特许的主要功能是分配稀缺资源。其主要特征是，特许一般有数量限制；行政机关实施特许一般有自由裁量权；相对人取得特许一般应当支付一定费用；特许可以在被许可人和符合条件的自然人、法人或者其他组织之间依法转让。实施特许的方式，目前比较多的是公开招标、拍卖等公平竞争的方式作出决定。但是，法律、行政法规另有规定的，依照其规定。

行政处罚不能少

行政处罚是指行政机关或其他行政主体依照法定权限和程序对违反行政法规范尚未构成犯罪的相对方给予行政制裁的具体行政行为。行政处罚具有如下基本特征：行政处罚的主体是行政机关或法律、法规授权的其他行政主体；行政处罚的对象是作为相对方的公民、法人或其他组织；行政处罚的前提是相对方实施了违反行政法律规范的行为；行政处罚的性质是一种以惩戒违法为目的具有制裁性的具体行政行为。由行政处罚的一般概念和特征可以看出，行政处罚与行政处分、刑罚、行政强制执行和执行罚，都是有区别的。

首先，行政处罚与行政处分的区别。行政处分是指国家行政机关对其系统内部违法失职的公务员实施的一种惩戒措施。其与行政处罚的区别：一是作出决定的主体范围不同。行政处罚是由享有行政处罚权的行政主体作出的，这些行政主体具有对外管理职能，其行政处罚权已为法律、法规明确规定。如根据《治安管理处罚条例》，公安行政机关有权实施治安管理处罚。而行政处分是由受处分的公务员所在机关，或上级机关，或行政监察机关作出的。也就是说，一般的行政机关都享有对其工作人员的行政处分权。二是所制裁的对象不同。行政处罚制裁的对象是违反行政法规范的公民、法人或其他组织；而行政处分的对象仅限于行政机关系统内部的公务员。三是采取的形式不同。行政处罚的形式、种类很多，有警告、罚款、行政拘留、吊销许可证执照、责令停产停业、没收财物等便；而行政处分的形式只有警告、记过、记大过、降级、撤职和开除等六种形式。四是行为的性质不同。行政处罚属于外部行政行为，以行政管辖关系为基础；而行政处分属于内部行政行为，以行政隶属关系为前提。五是所依据的法律、法规不同。行政处罚所依据的是有关行政管理的法律规范，如《治安管理处罚条例》、《土地管理法》、《环境保护法》等；而行政处分则由有关行政机关工作人员或公务员的法律规范调整，如《国家公务员暂行条例》、《人民警察法》、《行政监察条例》等。六是两者的救济途径不同。对行政处罚不服的，除法律、法规另有规定外，相对方可申请复议或提起行政诉讼，通过复议与行政诉讼获得救济；而对行政处分不服的，被处分的公务员只能向作出处分决定的机关的上一级机关或行政监察部门申诉。

其次，行政处罚与刑罚的区别。行政处罚与刑罚都是具有强制力的制裁方式，但两者有显著区别：一是两种行为的权力归属不同。行政处罚权属于行政权的一部分；而刑罚的权力归于审判权的范畴。二是实施处罚的主体不同。行政处罚是由有外部管理权限的行政机关或法律、法规授权的组织实施；而刑罚的实施主体是国家司法机关——人民法院。三是实施处罚的对象不同。行政处罚的对象是违反行政法律规范的公民、法人或其他组织，在公民、法人或其他组织既违反行政法律规范又违反了刑事法律规范的情况下，也可能对其实施两种处罚；而刑罚只能对违反刑事法律规范的犯罪分子实施，而不能对只违反行政法律规范而未犯罪的人实施。四是作出处罚决定的程序不同。行政处罚是按照行政处罚法所规定的行政程序作出的；而刑罚必须根据刑事诉讼法的程序作出，这是由刑罚在法律制裁中具有最严厉的性质所决定的。五是处罚的种类不同。行政处罚的种类很多，既有行政处罚法的统一规定（但尚未列举详尽），又有各单行法律、法规的分散规定。而刑罚的种类统一由刑法规定，有两类十种，即五种主刑和五种附加刑。主刑是：管制、拘役、有期徒刑、无期徒刑、死刑。附加刑是：罚金、剥夺政治权利、没收财产、驱逐出境（适用于外国人）以及剥夺奖章、勋章和荣誉称号（适用于军人）。

再次，行政处罚与行政强制执行的区别。行政强制执行也是一项重要的行政行为，它是指国家行政主体为了保证行政管理活动的正常进行，对不履行国家行政机关或法律、法规授权的组织作出的行政处理决定或科以行政义务的相对方依法采取各种强制手段，以迫使其执行行政处理决定或履行行政义务的行为。行政处罚与行政强制执行都是具体行政行为，都是有关国家行政机关对违反行政法律规范的行为采取的以国家强制力为后盾的行政行为，而且二者有着某种承接关系，但二者仍有明显的区别：一是性质不同。行政处罚是对违反行政法律规范行为的一种制裁，即对行政违法行为的事后制裁，它以依法限制相对方的权益惩戒相对方，为其设定某种义务为根本属性，处罚决定不因相对方停止或应允停止实施违法行为而解除、失效，且罚、没款不能返还。而行政强制执行不是制裁，不以设定某种新的义务为宗旨，本质上属于执行行为，在相对方开始履行或应允履行行政处理决定或义务时，强制执行措施即应停止，如冻结的存款要解冻，扣留的物品要返还，拘留行为要解除，等等。二是目的不同。行政强制执行的目的是为了促使被强制人履行法定义务，而行政处罚的主要目的是为了惩戒行政违法行为。三是实施的机关不尽相同。行政强制执行除由行政机关实施外，主要由人民法院依行政机关的申请而实施；而行政处罚只能由行政机关或法定组织实施。

最后，行政处罚与执行罚的区别。执行罚是行政强制执行的一种方法，它是以处罚的形式促使当事人履行义务。虽然行政处罚与执行罚都有着处罚的外在形式，但二者之间仍有明显区别：一是法律性质上存在差异。引起执行罚的行为不具有严格意义上的违法性，执行罚是防止违法行为发生的惩戒措施。法律设定执行罚的目的在于促使相对方履行法定义务。例如，税收管理中的滞纳金。超过法定期限不纳税，就要按日交纳滞纳金。但纳税义务人一旦履行纳税义务，滞纳金就立即停止累计。行政处罚则是以相对方的违法行为作为前提的，没有相对方的违法行为，就不能给予行政处罚。二是目的上存在差异。行政处罚是对已经违反了法定义务的行为实施的制裁，目的是惩罚、教育行政违法行为人，制止和预防行政违法行为。该行为既已处罚，即告结束。执行罚与其他强制执行方式一样，目的是为了促使相对方在法定期限内履行法定义务，处以执行罚以后，相对方仍要继续或开始履行义务。执行罚可以反复多次运用，直至相对方完全履行了义务为止。

行政处罚可以根据不同的标准进行分类。若以行政处罚的性质为标准，行政处罚可分为限制或剥夺权利性的处罚、科以义务性的处罚、影响声誉的处罚；以行政处罚的内容为标准，其可分为人身自由罚、声誉罚（申诫罚、精神罚）、财产罚、行为罚四类。

人身自由罚。人身自由罚是指行政机关实施的在短期内限制或剥夺公民人身自由的行政处罚。它是行政处罚中最为严厉的处罚种类。目前，我国法律、法规规定的人身自由罚有两种形式：行政拘留和劳动教养。行政拘留也称治安拘留，是对违反治安管理的人，依法在短期内限制其人身自由的一种处罚。按照《治安管理处罚条例》的规定，行政拘留的决定由县、市公安局、公安分局或相当于县一级的公安机关作出。行政拘留的期限一般为1日以上15日以下，有二项以上违法行为“并处”的，不受此限。目前，关于拘留的法律、法规主要有《治安管理处罚条例》、《集会游行示威法》、《消防管理条例》、《戒严法》、《外国人入境出境管理法》、《中国公民出境入境管理法》等。劳动教养是指行政机关对习惯性违法或有轻微犯罪行为尚不够刑事处罚又有劳动能力的人采取的一种行政处罚。劳动教养由省、自治区、直辖市的大中城市的劳动教养管理委员会审查决定。劳动教养管理委员会隶属于政府，由公安、司法、民政、劳动等部门的负责人组成。劳动教养的期限一般为1年至3年，必要时可延长1年。它是行政处罚中最严厉的一种，虽然是由行政机关作出，但从对相对方的制裁程度来说，不亚于一些刑事制裁措施，如拘役、管制等。

行为罚。行为罚是限制和剥夺违法相对方某种行为能力或资格的处罚措施，有时也称能力罚。行为罚不同于自由罚，前者既可以针对个人，又可以针对组织。而后者则只能适用于个人。行为罚的主要表现形式：一是责令停产停业。这是限制违法相对方从事生产、经营活动的处罚形式，一般适用于下列违法行为：生产经营者实施了比较严重的违法行为，其行为后果比较严重；从事加工、生产与人的生命健康密切相关（如药品、食品等）的已经或可能威胁人的生命健康的商品，或者出版对人的精神生活产生不良影响的出版物、音像制品等违法行为。二是吊销许可证、执照等。这是禁止相对方从事某种特许权利或资格的处罚。吊销许可证和执照是对违法者从事某种活动或者其享有的某种资格的取消；暂扣许可证和执照，则是中止行为人从事某项活动的资格，待行为人改正以后或经过一定期限后，再发还许可证、有关证书或执照。现实中还有科以相对方某种作为义务，使其以含有赔偿的性质的行为停止侵害，并恢复到侵害前的状态，因而也可以起到处罚的作用。

财产罚。财产罚是指使被处罚人的财产权利和利益受到损害的行政处罚。这种处罚在于使违法者缴纳一定数额的金钱或者是没收其一定财物，并不影响违法者的人身自由和进行其他活动的权利。财产罚这种特性决定了财产罚所适用的范围广泛，也是一种行之有效的行政处罚。财产罚的具体形式主要有：罚款、没收财物（没收非法财物、没收违法所得）。

声誉罚。声誉罚是指行政主体对违法者的名誉、荣誉、信誉或精神上的利益造成一定损害以示警戒的行政处罚，故又称申诫罚或精神罚。声誉罚的特点在于只是使违法者在精神上受到惩戒，其目的在于引起违法者的警惕，使其停止违法行为并避免重新违法。声誉罚既适用于个人也适用于组织。其主要形式有警告、通报批评等。行政处罚的程序，分为简易程序和一般程序。

行政处罚简易程序。又称当场处罚程序，是一种简单易行的行政处罚程序，指在具备某些条件的情况下，由执法人员当场作出行政处罚的决定，并且当场执行的步骤、方式、时限、形式等过程。设定当场处罚程序的法律意义在于，基于行政管理效率的要求，对一些不需要立案调查且影响不大，在其被发现后即可认定事实的行政违法行为直接给予处罚，也并不影响受罚人的合法权益，从而确保行政管理的高效性。行政主体的行政执法人员在进行当场处罚时，应遵循下列程序：一是表明身份。它是表明处罚主体是否合法的必要手续，执法人员应向当事人出示执法身份证件或委托书。二是说明处罚理由。执法人员应主动向当事人说明其违法行为的事实，说明其违反的法律规范和给予行政处罚的理由和依据。三是给予当事人陈述和申辩的机会。当事人可以口头申辩，执法人员要予以正确、全面地口头答辩，使当事人心服口服，而不得因当事人的申辩而加重处罚。四是制作笔录。执法人员对当事人的违法行为的客观状态当场制作笔录。五是制作当场处罚决定书。当场处罚决定书应是由有管辖权的行政机关或组织统一制作的有格式、有编号的两联处罚决定书，由执法人员填写。当场处罚决定书应载明：被处罚人姓名或单位名称，违法事实，行政处罚的种类或处罚数额，处罚依据，时间地点，告知复议权利和诉讼权利及期限，处罚的机关或组织名称，执法人员的签名或盖章。当场处罚决定书制作后，应当场交付被处罚人。六是备案。执法人员当场作出的行政处罚决定，必须向所属行政机关备案，以便接受监督和检查。七是执行。当场处罚决定作出后，一般可由被处罚人当场自觉执行。对当事人决定罚款的，可令其到指定的金融机构或其他专门机构缴纳，也可以由执法人员当场代收。被处罚人对处罚决定没有异议的，应在处罚决定书上签名或盖章，并表明没有异议。当事人对处罚持有异议或拒绝缴纳罚款的，执法人员应将当事人的违法行为告诉其有管辖权的行政主体，由该行政主体按一般程序处理，由此即结束当场处罚程序而转入正常的一般程序。

行政处罚一般程序。又称普通程序，是行政处罚中的一个基本程序，它具有内容最完善、适用最广泛的特点。除法律、法规另有规定外，任何一个行政处罚决定必须适用一般处罚程序。设置一般处罚程序的法律意义在于以完整、科学的处罚程序规范来规范行政处罚权，有利于保护受处罚人运用程序权利对抗行政机关违法、滥用行政处罚权。行政处罚的一般程序包括以下几个步骤：

一是立案。行政主体通过行政检查监督发现行政相对方个人、组织实施了违法行为，或者通过受理公民的申诉、控告、举报，或其他信息渠道知悉相对方实施了违法行为，应先予以立案。

二是调查取证。行政相对方的违法行为立案后，行政主体即应客观全面公正地调查收集有关证据。必要时，依照法律、法规的规定可以进行检查。行政机关在调查或者进行检查时，执法人员不得少于两人，并应当向当事人或者有关人员出示表明身份的证件。为了解违法情况和违法事实，行政主体有权传唤违法者，对其进行讯问。讯问应当制作笔录，被讯问人经核对认为无误后，应当在笔录上签名或盖章，讯问人也应当在笔录上签名。行政主体还有权向社会调查和收集证据。对此，被调查、取证的单位和个人有义务予以支持和协助。询问证人时，证人有义务如实反映情况。询问也应制作笔录，证人经核对认为无误后，应在其上签名或盖章。行政主体进行调查取证，还可依法暂扣违法行为嫌疑人的物证书证。但在扣押时必须出示行政主体的证件，并邀请有关组织、人员到场，查点清楚，开列单据（一式两份），由执法人员、见证人员和物证、书证、被扣押人签名或盖章后，一份由行政主体收存，一份交物证、书证被扣押人。此外，行政主体在调查取证过程中，根据需要还可以进行鉴定、勘验。鉴定可委托法定鉴定机构进行，勘验应邀请有关组织或人员参加，勘验时应出示证件。对勘验情况和结果应制作笔录，并由执法人员、见证人、当事人签名或盖章。执法人员与当事人有直接利害关系的，应当回避。

三是听取申辩与听证。行政主体在调查取证之后和作出行政处罚裁决之前，应告知被调查人：根据已掌握和认定的关于被调查人的违法事实，准备对之作出处罚裁决的理由和依据。应给予被调查人以申辩的机会。被调查人依法陈述和申辩的，行政主体必须充分听取，制作申辩笔录。对其提出的事实理由和证据，应当进行复核，复核成立的，应当采纳。申辩笔录应作为行政处罚裁决的根据之一，并在裁决后入档归案，以备今后在行政复议和诉讼时作举证之用。行政主体根据调查取证的材料，如果将对被调查人作出吊销营业执照、责令停产停业等涉及企业法人生存权的行政处罚以及数额较大的罚款等行政处罚，还应告知当事人有要求举行听证的权利。当事人要求听证的，行政机关还应当依法组织听证。

四是作出处罚决定。行政主体通过调查、取证，且听取了被指控人的申辩后，有些案件则是经过听证之后，如审查确认违法事实确实存在，且已事实清楚，证据确凿，即可依法根据情节轻重及具体情况作出处罚决定；如认为违法行为不存在或被指控的事实不能成立的则不得给予行政处罚，而应作出撤销案件的决定；如被指控人确实有违法行为，但情节显著轻微，依法可不予行政处罚的，可作出免予行政处罚的决定；如认为被控人不仅有违法行为，且该行为已构成犯罪的，则应将有关材料移送司法机关处理。行政主体作出处罚决定时，应制作行政处罚决定书，并且应载明：当事人的姓名（或名称）地址；违反法律、法规或规章的事实与证据；行政处罚的种类和依据；行政处罚的履行方式和期限；不服处罚决定申请复议或起诉的途径和期限；作出行政处罚决定的行政机关的名称和作出决定的日期；加盖作出处罚决定的行政机关的印章。行政处罚决定书应当在宣告后，当场交付当事人；当事人不在场的，应当在7日内依照《民事诉讼法》的有关规定，将行政处罚决定书送达当事人。

行政复议是保障

所谓行政复议，是指国家行政机关在行使其行政管理职权时，与作为被管理对象的行政相对人发生争议，根据行政相对人的申请，由该行政机关的上一级行政机关或者法律、法规规定的其他机关依法对引起争议的具体行政行为进行复查并作出决定的一种法律制度。

第一，行政复议具有以下特征：

一是行政复议以国家行政机关的具体行政行为引起的行政争议为内容。行政复议必须以国家行政机关的具体行政行为引起的行政争议作为内容，没有行政争议，就无须进行行政复议。一般来说，行政争议源于两个方面的原因：首先是行政主体自身的原因。如行政主体作出的具体行政行为不当，即所依据的主要事实不清，适用法律、法规、规章和具有普遍约束力的决定、命令错误，违反了法定程序，影响了行政相对人的合法权益；或行政管理权限不清，超越或者滥用职权等；其次是行政管理相对人的原因。行政管理相对人不了解法律、法规和规章的有关规定，实施了违反法律、法规和规章的行为，在受到行政主体的依法处理后不理解、不服从而产生的争议。在上述两种情况下，只要产生行政争议，就会涉及对具体行政行为的合法性和适当性进行复查并作出相应的复议决定。

二是行政复议以作为行政管理相对人的公民、法人和其他组织不服具体行政行为提出的申请作为前提。行政复议必须以行政相对人提出的申请作为前提，没有相对人的申请，复议机关就不能主动复议，即不告不理，因此，理论上行政复议又称为“依申请的行政行为”。

三是行政复议以行政机关实施行政管理活动中作出的具体行政行为作为审查对象。行政复议只对行政机关实施的具体行政行为进行复议并作出裁决，即对具体行政行为的合法性和适当性进行全面审查，如果认为具体行政行为违法或不当，可以直接作出撤销或变更的决定。

四是行政复议机关通常由原处理机关的上级行政机关或同级人民政府担任。行政复议是上级国家行政机关对下级行政机关的行政行为进行层级监督的行政活动，因此，行政复议的主管机关通常有两类，一类是原作出争议行政行为的行政主体的上级机关，这是较通常的行政复议主管机关；另一类是原作出争议行政行为的行政主体的同级人民政府。行政复议机关所进行的行政复议活动只能在其法定的职权范围内进行，而不能超越权限。

五是行政复议是按法定程序进行的活动。行政复议虽然从法律行为性质上来说是一种行政行为，但它由于涉及行政争议的解决，因此比一般的行政行为具有更高的程序性要求，行政复议从申请、受理到审理、决定以及送达、执行，都必须符合法定程序，否则，就会导致复议的中止或终止。

第二，行政复议的作用。之所以设置行政复议制度，目的在于及时防止和纠正违法或不当的行政行为，提高各级政府及行政管理部门的依法行政水平。也就是说行政复议是行政机关正确、高效行政的重要保障。正如我国《行政复议法》第1条中明确规定："为了防止和纠正违法的或者不当的具体行政行为，保护公民、法人和其他组织的合法权益，保障和监督行政机关依法行使职权，根据宪法，制定本法"。因此，行政复议具有如下重要作用。

一是行政复议是保护公民、法人和其他组织合法权益的重要法律制度。行政机关行使职权的活动是最直接、最经常的国家管理活动。行政机关作为国家权力机关的执行机关，其行使职权的活动涉及国家管理和社会生活的各个方面，并直接与公民、法人和其他组织的切身利益发生联系，当国家行政机关和公务员行使职权过程中出现滥用职权、以权谋私、草率执法等违法或失职现象时，就会侵犯公民、法人或其他组织的合法权益，倘若再缺少严格的监督机制，行政相对方的合法权益在受到违法行政行为的侵害时，就难以获得救济。因此，建立行政复议制度，有助于国家行政机关从内部加强对自身依法行政的约束，并通过上级国家行政机关对下级国家行政机关具体行政行为的监督审查，达到维护公民、法人和其他组织的合法权益不受国家行政机关和公务员违法行为侵害的目的。

二是行政复议制度的建立有利于保障和监督行政机关依法行使职

权，防止和纠正违法或者不当的具体行政行为。(1) 行政复议通过上级行政机关对下级行政机关的监督作用达到纠正违法或不当的具体行政行为的目的，同时也对合法或适当的具体行政行为实施保护和支持。复议机关通过受理复议案件，对下级行政机关的具体行政行为进行审查，发现下级行政机关的具体行政行为违法或不当的及时进行纠正；不履行法定职责的要求限期履行；对程序上有欠缺的责令补正；对具体行政行为主要事实不清的、明显不当的、决定撤销、变更或确认具体行政行为违法以及责令重新作出新的具体行政行为。这样，虽不经行政诉讼程序，但在行政机关内部就使得违法或不当的具体行政行为得到了纠正。(2) 通过行政复议，能够查明违法或不当的具体行政行为产生的原因，从而找出行政机关在执法活动中存在的问题，敦促行政机关采取相应的措施，严格依法行政。

三是行政复议有利于行政争议的解决。行政复议主要是为了解决因行政机关的具体行政行为而产生的行政争议。解决行政争议的途径很多，选择什么途径解决行政争议是法律赋予公民、法人和其他组织的权力，他们之所以选择行政复议，是看中了行政复议解决行政争议方面的优势，即程序简便、受案范围广、成本低、解决问题效率高等，另外就是行政复议的内部性，上级机关纠正下级机关的错误比较容易，复议机关作出的复议决定下级机关必须执行等。

四是行政复议制度的建立有利于促进我国的民主法制进程，实现社会主义的政治文明。社会主义民主的本质是人民当家作主。因此，人民有权监督国家事务、公共事务和社会事务。行政复议制度通过行政复议机关接受行政相对人的复议申请，从法律制度上确立了国家行政机关接受人民监督的原则，一方面，扩大了人民监督国家行政机关依法行政的渠道，另一方面又减轻和缓解了人民法院受理行政诉讼案件的负担，对于充分发扬民主，加快我国民主法制建设，实现社会主义政治文明具有重大意义。

第三，行政复议的原则。我国《行政复议法》对行政复议的基本原则作了界定。第 4 条规定："行政复议机关履行行政复议职责，应当遵循合法、公正、公开、及时、便民的原则，坚持有错必纠，保障法律、法规的正确实施。"因此，我国行政复议应遵循以下基本原则：

一是依法独立行使复议权的原则。行政复议机关依法独立行使行政复议权，不受其他机关、社会团体和个人的非法干涉，这是宪法赋予复议机关的基本职权。这一原则包括三层含义：行使复议权只能由法律、法规规定的复议机关专门行使，其他行政机关、权力机关、审判机关和检察机关均不享有行政复议权；行政复议机关行使复议权，必须严格依照法律、法规，尤其是《行政复议法》的具体规定来行使，这是行政复议活动合法性的基本要求；行政复议机关在其法定职权范围内，依法独立行使行政复议权，不受任何非法干涉。

二是合法原则。合法原则是指行政复议机关必须严格按照宪法和法律规定的职权范围，以事实为根据，以法律为准绳，按照法定的程序，对被申请复议的具体行政行为进行审查，根据不同情况，依法作出维持、变更、撤销和重新作出具体行政行为，限期履行等复议决定，并依法送达和执行。这一原则具体包括以下内容：主体合法，即复议机关必须是依法成立并享有法律赋予的复议权的行政机关；依据合法，即行政复议机关审理复议案件时应当以宪法、法律、行政法规、地方性法规以及上级行政机关依法制定和发布的具有普遍约束力的决定、命令为依据，行政机关审理民族自治地方的复议案件，还应依照民族自治地方的自治条例和单行条例的规定；程序合法，即复议机关在审理复议案件时必须严格按照这些程序进行，违反法定程序的复议决定会被上级机关或司法机关撤销。

三是公正原则。公正原则就是行政复议要尽可能地做到公平、正直、不偏不倚。公正原则是合法原则的必要补充。行政复议机关公正地履行行政复议职责，应把握好三个方面：平等对待申请人与被申请人，而不能“官官相护”；对不同的申请人，不论其地位、权势、名望如何都应公平对待，不能以权代法，也不能以情代法；对被申请人的具体行政行为的适当性进行审查，要严格以法律的目的和社会公认的标准为尺度。

四是公开原则。公开原则是指行政复议活动应当公开进行，复议案件的受理、审查、审理、决定等一切活动，除了涉及国家机密、商业秘密和个人隐私的以外，其他都应当尽可能地向当事人及社会公开，如申请人可以依法查阅被申请人提出的书面答复、作出具体行政行为的证据、依据和其他有关材料，通过公开，将整个行政复议活动置于公众的监督之下，使社会了解行政复议活动的具体过程，从而便于发挥社会监督的功能，有利于增强公众对行政复议制度的信任。

五是及时原则。及时原则又称效率原则，是指行政复议活动要在法律规定的期限内完成。为此，要做到：及时审查复议申请，一般应在5日内作出受理、不受理的决定；抓紧时间进行审理复议案件的各项工作，如调查、取证、收集有关材料和对收集到的材料进行分析整理，并根据情况，及时决定采取书面审理还是其他方式审理；及时作出复议决定，一般不能超过60日；及时处理当事人不履行复议决定的各种情况，特别是对申请人逾期不起诉又不履行复议决定的应依法强制执行或者申请人民法院强制执行，对作出具体行政行为的行政机关不履行复议决定的，应当责令履行并追究或建议追究有关人员的行政法律责任。

六是便民原则。便民原则是指行政复议活动应当考虑行政相对人提出行政复议申请的便利，即在尽量节省行政相对人的时间、费用和精力的情况下，保证公民、法人或者其他组织充分行使行政复议申请权。便民原则主要体现在：申请复议的形式，可以书面申请，也可以口头申请；行政复议审查方式原则上采取书面审查，即可以不传唤申请人与被申请人、证人或其他复议参加人到复议机关，主要依据双方当事人提供的书面材料和调查研究结果进行行政复议，节省了当事人的时间、精力、财力和物力；行政复议的手续尽量简便，在法律许可的范围内，尽可能为行政相对人提供方便。

七是一级复议的原则。我国的行政复议采取一级复议制，即对具体行政行为的复议以上一级国家行政机关的复议决定为终局决定，复议决定书下达后，行政相对方不得再向上级国家行政机关要求复议（除对国务院各部门或者省、自治区、直辖市人民政府的具体行政行为不服申请复议后对复议结果仍不服的，可以申请国务院作出最终裁决）。如对一级复议决定不服还可以提起行政诉讼，人民法院经过审理后作出的裁判，才具有终局效力。

八是不调解原则。调解是在民事诉讼纠纷中产生的，是争议双方当事人自愿协商、互谅互让，达成协议，解决争议的一种方式。行政复议是为解决行政机关在行政管理过程中与行政相对人发生的行政争议，主要目的是要对行政机关作出的具体行政行为的适当性和合法性进行审查，以便作出肯定性或否定性的判断，从而保护公民、法人和其他组织的合法权益，所以，行政复议机关不能以调解作为复议的必经程序，也不能以调解作为复议的结案方式。但是，复议机关可以对复议申请人进行政策、法律教育，使其接受正确的行政处罚。同时，也可对作出具体行政行为的被申请人的思想进行疏导，使其纠正错误的具体行政行为。另外，复议机关还可以在申请人与被申请人之间就赔偿的数额进行协商。

第四，行政复议的程序。行政复议程序是从申请人向复议机关申请复议至行政复议机关作出复议决定的各项步骤、形式、顺序和时限的总和。行政复议程序一般包括五个：

一是行政复议申请。行政复议申请是指行政相对人不服行政机关的具体行政行为，而向行政复议机关提出要求撤销或变更该具体行政行为的请求。此时，必须明确的是：申请人必须是认为具体行政行为侵犯了其合法权益的公民、法人或其他组织；必须指明要求行政复议机关审查的具体行政行为是哪个行政机关作出的，即有明确的被申请人；必须有具体的复议请求和事实依据，如请求撤销、变更违法的具体行政行为，责令被申请人限期履行法定职责，确认具体行政行为违法或者责令被申请人赔偿损失等，申请人所提出的事实根据，主要是指侵害自己合法权益的具体行政行为以及认为该具体行政行为违法、不当或者应当进行赔偿的事实理由，以及自己主张的事实情况；必须符合法定的行政复议的受案范围和案件的管辖规定；必须在法定期限内提出复议申请，一般自知道该具体行政行为之日起 60 日内提出行政复议申请，因不可抗力或者其他正当理由耽误法定申请期限的，申请期限自障碍消除之日起继续计算；必须有明确的复议申请，可以书面申请，也可以口头申请。

二是行政复议案件的受理。行政复议的受理，是指行政复议机关通过对申请人提出的复议申请进行审查，对符合条件的申请予以接受和处理。行政复议机关在收到复议申请后，应当在 5 日内进行审查，对不符合法律规定的行政复议申请，决定不予受理，并书面告知申请人；对符合本法规定的，应当受理；对不属于本机关受理的行政复议申请，应当告知申请人向有权机关提出。除上述规定外，行政复议申请自行政复议机关负责法制工作的机构收到之日起即为受理。

三是行政复议案件的审理。行政复议案件的审理，是指行政机关对受理的行政争议案件进行合法性和适当性审查的过程。这是行政复议程序的核心。它涉及以下几个问题：审理前的准备，即复议文书的发送和有关证据材料的收集；复议机关根据案情确定审理方式，主要采取书面审查的方式，但对有些案情复杂、需要通过当事人之间的辩论，方能搞清楚有关事实和证据的，也可以采用开庭审理的方式；审理依据，即行政复议机关审理行政复议案件，应以法律、行政法规、地方性法规、规章以及上级行政机关依法制定和发布的具有普遍约束力的决定、命令为依据；审理的内容，即行政复议机关在审理行政争议案件时，不仅可以对具体行政行为是否合法和适当进行审查，还可以对具体行政行为所依据的规范性文件进行审查；复议申请的撤回，即行政复议机关受理复议申请后，在作出复议决定前，由于复议申请人要求撤回申请终止审理，经行政复议机关准许复议申请人撤回申请，终止复议案件审理的活动；行政复议期间具体行政行为不停止执行，即在复议决定作出之前，行政机关作出的具体行政行为继续有效，行政管理相对人应予继续遵守或履行，特殊情况下如被申请人认为需要停止执行的、行政复议机关认为需要停止执行的、行政复议机关认为申请人申请停止执行的要求合理的、法律规定停止执行的，就停止执行。

四是作出行政复议案件的决定。行政复议的决定，是指行政复议机关在对具体行政行为的合法性和适当性进行审查后作出的审查结论。行政复议决定的类型主要有：对具体行政行为认定事实清楚，证据确凿，适用依据正确，程序合法，内容适当的，决定维持原具体行政行为；对于因被申请人拒绝履行或拖延履行法律、法规和规章规定的职责而引起的行政复议案件，经审理，如果是被申请人的不作为行为属于违法行为，则应决定其在一定期限内履行其职责；对具体行政行为有下列情形之一的（主要事实不清和证据不足、适用依据错误、违反法定程序、超越或者滥用职权、具体行政行为明显不当的），都应当决定撤销、变更或者确认该具体行政行为违法；对行政复议申请人在申请行政复议时一并提出国家行政赔偿请求的，行政复议机关经过审查，如果认为符合《国家赔偿法》有关规定的，应当作出撤销、变更具体行政行为或者确认具体行政行为违法决定的同时，作出责成被申请人依法给予申请人赔偿的决定。

五是行政复议决定的执行。行政复议机关作出行政复议决定后，应依法送达当事人，方能产生法律效力。申请人如果不服行政复议决定，可依法提起行政诉讼。法律规定行政复议为终局决定的，行政复议决定书一经送达，立即发生法律效力；对于不是终局决定的行政复议决定，当事人不服行政复议决定，可以在收到复议决定书之日起 15 日内向人民法院提起行政诉讼。当事人在法定起诉期限内没有起诉，期限届满，复议决定书也即发生法律效力。复议决定书生效后，复议当事人双方均应履行行政复议决定。对申请人逾期不起诉又不履行行政复议决定的，或者不履行终局行政复议决定的，按照下列规定分别处理：维持原具体行政行为的行政复议决定，由作出该具体行政行为的行政机关依法强制执行或者申请人民法院强制执行；变更原具体行政行为的行政复议决定，由行政复议机关依法强制执行，或者申请人民法院强制执行。对被申请人不履行或者无正当理由拖延履行行政复议决定的，行政复议机关或者有关上级行政机关应当责令其限期履行。

行政诉讼不可缺

行政机关及其公务员在行政管理中，不可避免地会与行政相对人发生行政争议，当行政相对人认为行政机关的具体行政行为侵犯了其合法权益时，除了可以向行政复议机关申请复议外，还可以向人民法院提起诉讼。因此，行政诉讼是监督行政机关和公务员依法行政，保护公民、法人或者其他组织合法权益的一种司法活动。

第一，行政诉讼的概念和特征。行政诉讼是指公民、法人或者其他组织认为行政机关和行政机关工作人员的具体行政行为侵犯了其合法权益，依法向法院提起行政诉讼，人民法院对该具体行政行为的合法性进行审查，并作出裁判的活动。行政诉讼有以下特点：一是行政诉讼的原告是公民、法人或者其他组织。公民、法人或者其他组织认为行政机关及其工作人员的具体行政行为侵犯了其合法权益，依法向人民法院起诉，要求人民法院进行审判，这是行政诉讼产生的前提条件。二是行政诉讼的被告是行政主体。行政诉讼的被告只能是作出具体行政行为的行政主体，包括行政机关及法律、法规授权的组织。三是行政诉讼的审查对象是行政主体作出的具体行政行为。人民法院要对行政机关作出的具体行政行为的合法性进行审查。抽象行政行为不能成为行政诉讼的审查对象。四是行政诉讼的目的是保护公民、法人或者其他组织的合法权益不受行政机关实施的违法具体行政行为的侵害。

第二，行政诉讼与行政复议的关系。行政诉讼和行政复议都是行政救济制度，二者的目的都是为了解决行政争议，保障公民、法人或者其他组织的合法权益，但是，他们又有区别。

行政诉讼与行政复议的区别。一是性质不同。行政复议是一种行政活动，它的全过程都在行政系统内进行，行政复议的主体是作出违法或不当具体行政行为的行政机关的上一级行政机关，是上级行政机关对下级行政机关的层级监督机制。而行政诉讼则是一种司法活动，审理案件的主体是人民法院，是国家司法机关对行政机关的执法活动进行司法审查的制度。二是审查的范围不同。行政复议是对具体行政行为的合法性和适当性进行全面审查。如果认为具体行政行为违法或不当，可以直接作出撤销和变更的决定。而行政诉讼则是对具体行政行为的合法性进行审查，除对行政处罚显失公正的可以判决变更外，对其他行政案件只能作出维持、撤销或部分撤销的判决，而不能代替行政机关作出变更的判决。三是受案的范围不同。行政复议的受案范围比行政诉讼的受案范围大。根据《行政诉讼法》的规定，凡是能够提起行政诉讼的案件，行政管理相对人都可以先向行政复议机关申请复议，对行政复议决定不服的，再向人民法院提起行政诉讼，可见，行政复议是行政诉讼的前置程序。但是，能够复议的案件不一定能够提起诉讼。四是运用的程序不同。行政复议运用的是行政程序，行政程序简便、及时，解决行政争议的效率较高。而行政诉讼运用的是司法程序，司法程序更加严格。五是审理的方式不同。行政复议原则上采取书面审查的方式；而行政诉讼则采取公开开庭审理的方式。六是救济方式和法律效力不同。行政复议对当事人来说，不是最后的救济手段，除了少数终局的复议决定外，大多数复议案件如果行政相对人对复议决定不服，还可以向人民法院提起行政诉讼作为救济方式，并以行政诉讼判决作为最后的裁定。而行政诉讼则实行两审终审制，对第一审判决不服的，救济的方式是上诉，二审终审后，判决发生效力。因此，行政诉讼的效力明显大于行政复议的效力。

行政诉讼与行政复议的联系。一是凡是法律、法规规定应当先向行政机关申请复议的案件，行政相对人在提起行政诉讼之前必须先向行政复议机关申请复议，如果行政相对人没有申请复议就直接提起行政诉讼，人民法院可以不受理。二是凡是法律、法规没有规定必须复议的案件，行政相对人可以自由选择行政复议或行政诉讼来解决行政争议。凡属于人民法院受案范围的行政案件，公民、法人和其他组织都可以先选择向上一级行政机关申请复议。三是凡是行政相对人已经向人民法院提起了行政诉讼，就不能再向行政复议机关申请行政复议；凡是行政相对人已经向行政复议机关申请了行政复议，法律又规定复议决定为终局决定的，行政相对人就不能再提起行政诉讼。

第三，行政诉讼的基本原则。《行政诉讼法》第 3 条至第 10 条对我国行政诉讼的基本原则作了规定：一是人民法院依法独立行使审判权原则，不受行政机关，社会团体和个人的干涉。二是以事实为根据、以法律为准绳的原则，司法人员在办案过程中，要忠于事实，忠于法律，忠于人民利益。查明案件事实真相，以法律为尺度，作出正确裁判。三是对具体行政行为进行审查原则，看具体行政行为是否具有合法性。四是合议、回避、公开审判、两审终审原则。合议是指人民法院审理行政案件一律组织由审判员或审判员与陪审员（3 人以上的单数）组成合议庭进行审理。回避是指承办案件的人员（审判人员、书记员、勘验人、鉴定人和翻译人员）在遇到法律规定的情形时，应当经过法定程序退出诉讼活动。公开原则是指人民法院审理行政案件，除涉及国家机密、商业秘密、个人隐私和法律另有规定的情形，应当一律公开审判过程和审判结果。两审终审是指除最高人民法院一审的行政案件外，一个行政案件经过两级人民法院审理即告终结的诉讼制度。五是当事人法律地位平等原则。六是使用本民族语言文字诉讼的原则，即在少数民族聚居或者多民族共同居住的地区，人民法院应当使用当地民族通用的语言、文字进行审理和发布法律文书。七是辩论原则，即在人民法院主持下，当事人为维护自己的权益，向人民法院提出诉讼请求，并出示有关证据和对法庭出示的证据进行质证、辩论的基本制度。八是人民检察院对行政诉讼实施法律监督的原则，即由人民检察院作为国家法律监督机关，对人民法院的行政诉讼活动是否严格依法审理和审判人员有贪赃枉法、徇私舞弊等违法行为实行监督，对人民法院作出的违反法律、法规规定且已经发生效力的判决、裁定按照审判监督程序提起抗诉。

第四，行政诉讼的受案范围。受案范围是指公民、法人和其他组织可以就哪些行政争议向人民法院提起行政诉讼，也可以说是人民法院可以对哪些行政行为行使司法审查权。

根据我国《行政诉讼法》第 11 条规定：人民法院受理公民、法人和其他组织对下列具体行政行为不服提起的诉讼：一是对拘留、罚款、吊销许可证和执照、责令停产停业、没收财物等行政处罚不服的；二是对限制人身自由或者对财产的查封、扣押、冻结等行政强制措施不服的；三是认为行政机关侵犯法律规定的经营自主权的；四是认为符合法定条件申请行政机关颁发许可证和执照，行政机关拒绝颁发或者不予答复的；五是申请行政机关履行保护人身权、财产权的法定职责，行政机关拒绝履行或者不予答复的；六是认为行政机关没有依法发给抚恤金的；七是认为行政机关违法要求履行义务的；八是认为行政机关侵犯其他人身权、财产权的。除上述规定之外，《行政诉讼法》第 11 条第 2 款规定：“人民法院受理法律、法规规定可以提起诉讼的其他行政案件。”这一规定有两层含义：一是《行政诉讼法》出台前制定的单行法律、法规对行政机关的某些行为不服可以提起行政诉讼的规定仍然有效；二是今后可以通过制定单行法律、法规扩大行政诉讼的范围而无须修改行政诉讼法。

根据《行政诉讼法》第 12 条规定：不属于人民法院受案范围的事项包括以下几项：一是国防、外交等国家行为。国家行为是指国家机关根据宪法和法律授权，以国家名义作出的涉及国家之间关系，国家安全以及其他国家重大问题的行为。国防是为保卫国家安全，领土完整和全民族利益而抵御外来侵略、颠覆所进行的活动，如军事演习、调集军队、实施战争动员令、宣战等。外交是为实现国家的对外政策而进行的国家间交往活动如建交，断交、签订国际条约和协定，国家之间的对等措施等。这些行为一方面不是单纯的行政机关的具体行政行为，而是特定行政机关代表整个国家以国家的名义实施，体现国家主权的行为，因而不能作为司法审查范围；另一方面关系到国家和民族的整体利益，即使这种行为可能影响某些公民、法人或者其他组织的利益，在此种情况下，公民、法人或者其他组织的个别利益也要服从国家的整体利益。故国防、外交等国家行为不能提起行政诉讼。

二是行政法规、规章或者行政机关制定、发布的具有普遍约束力的决定、命令，这是抽象行政行为。对抽象行政行为不能起诉，根据我国宪法和《地方组织法》的有关规定，如果抽象行政行为同宪法和法律相抵触，只有同级或上级人民代表大会及常务委员会以及制定的行政机关或上级行政机关才有权撤销，因此，这类案件人民法院不受理。

三是行政机关对行政机关工作人员的奖惩、任免等决定。行政机关对行政机关工作人员的奖惩、任免决定，属于行政机关的内部具体行政行为，由此导致的行政纠纷由行政机关自行解决，人民法院不能干预。

四是法律规定由行政机关最终裁决的具体行政行为。这里的法律专指全国人民代表大会及其常委会制定通过的规范性文件，这些法律规定，对行政机关的某些具体行政行为，行政机关拥有最终裁决权。公民、法人或者其他组织对行政机关这些具体行政行为不服，不能向人民法院提起诉讼。

程序之“法”不可违

有人说，程序就如“生产的流水线”，只要每个环节、工序设计都是科学的、合理的，只要每个产品都是严格按照每个环节、工序的要求经过程序这个“流水线”生产出来的，那就在很大程度上保证了产品的质量。因此，一方面程序是人们对一定行为过程的安排，是一个人为的过程。程序不是自然的过程，并不具备那种自然的必然性。人们为了实现设想的目的必然要寻求各种手段，但并不一定是事先设计好的程序，完全可能随即时的意欲而为。另一方面，严格按程序行事，可以有效地避免人们在利益的驱动下偏离程序以求有利于自身而损害他人的结果。因此，为了防止在行政执法实践中的随意性，保证执法的正当目的性，就必须用程序之“法”来规范行政执法行为。这是由程序本身所具有的特点决定的。那么，作为人们有意识安排的程序有什么特点呢？

程序具有主观性。程序之所以不是一种纯粹的自然事实，就在于它体现了人们的一种追求和主观评价，即设计这个程序是干什么的，以及参与到这个程序中的人们的认同——愿不愿受这一程序的约束。因此，程序的设计要能满足人们的某种需求。

程序具有外在的强制性。虽然是人为之程序，但它并非那种因人而异的随意的东西。作为一种制度化的程序一旦创设出来，就是一种不依人的意志的客观存在——这又与自然程序相同。对违反程序的行为必然遭致相应的惩罚和由此产生的结果的否定。程序的强制性表现为有组织的力量的保障和制裁。

程序具有内在的科学性。程序虽然是人为的，但仍然存在着符不符合、在多大程度符合了事物本身的规律，这表现在：一是程序的连续性、相关性。程序之所以叫程序就在于其表现为一定的顺序、次序，即在时间上的前后相继，空间上的层次、位置不能颠倒、逆反。二是程序的有机性、完整性。程序并非一个孤立的环节，而是诸环节的相互契合的一个有机整体。在量上，每一个环节都是不可或缺的；在质上，各个环节之间都是相互衔接的、递进的。三是程序的效率性。一方面，合理的程序必然要表现出一定的效率，另一方面科学的程序要以效率为一种内在的价值，它使程序运行的成本比较低廉，使人们能够在一个合理的时间里实现其预期。

程序具有相对的独立性。程序既然是人为安排的某种行为的过程，作为一种手段，它本身并非完全依赖目的（实体）而存在。人们之所以强调程序对实体的依赖，就在于思考这一问题时总是要问：如果这一套程序不能达到自己要实现的目的、结果，又有多少意义和价值？总是以自己企图要达到的结果来衡量某个程序存在的价值，而不是重视程序自身的价值，以及对程序的精心的设计，把程序当做一种即时性的工具，带有较大的投机性和盲目性。因此，程序设计的好坏直接决定实体（结果）的好坏；在这里，程序不是被决定的，而是决定的。

程序具有对他人的公开性。程序既然是人为的，当然可以“人为”地秘而不宣，但如果这样的话，就等于没有程序。因此，程序必须是可观察的、透明的，必须是向大众公开的，才可能是公正的，人们由此才可以安排自己的行为、维护自己的利益。

行政机关及其工作人员的行政程序，作为一种人为的程序自然具有上述特点。体现并保障行政程序的法律，我们把它叫做行政程序法。行政程序法是行政行为的基本法，是规定行政主体实施行政行为的方式、过程、步骤、时限，调整行政主体与行政相对人在行政管理过程中发生的关系的法律规范系统。行政程序的基本原则包括公开原则、公正原则、参与原则、复审原则、效率原则、顺序原则、程序及时原则等。行政程序法最主要的作用，就是控制公共权力滥用，保护人权，保护公民的基本权利和自由，规范行政行为，维护市场竞争秩序，规范和简化行政程序，提高行政效率。行政程序法约束的对象，是行政机关及其工作人员。因此，对于行政执法者来说，依法行政不仅要注重对实体法的尊重和应用，而且也要注重对程序法的尊重和应用；违反了实体法是违法行政，违反了程序法仍然属于违法行政。

政策还是要有的

依法行政是依法治国的关键，也是社会的要求。但法律既不是万能的，也不可能把所有的行政关系、社会关系都囊括。特别是出于以下两个方面的基本原因，使得依法行政在一定程度上受到局限。一方面是国内外形势的发展变化十分迅速，甚至各种各样的突发事件经常发生，这必然迫切要求行政管理工作及时适应这些变化，以抓住机遇，提高管理水平和行政效率。另一方面作为法律法规的制定不是一朝一夕的事情，而是有着严格的程序的；同时法律法规一旦颁布实施，就在一定时期具有特定的稳定性，不可能朝令夕改。那么，在法律法规所不及的领域或事件当中，就只能由政策来填补空白，这就是我国在行政管理工作中，为什么依据党和国家的政策来行政的必然性和必要性。因此，政策在行政管理中起着不容忽视的作用。

那么，什么是政策呢？政策是国家或政党为实现一定的政治、经济、文化等目标任务而确定的行动指导原则与准则。通过制定政策，以确定行动的目的、方针和措施。

为什么政策能够填补法律法规的空白而成为行政管理工作中必不可少的重要依据呢？这是由政策的基本特征决定的。概括政策的基本特征主要有：一是政策的针对性和明确性。即政策总是为了解决某种问题而制定的，区别了具体情况，具有很强的针对性。二是政策的权威性。政策比法律调整的社会关系面更广，政策可渗透到社会生活的各个领域并发挥作用。三是政策具有较大的灵活性。其内容随时随地在发生变化，政策依靠其应对性和灵活性来维持其对社会生活、社会关系调整的有效性。

如从 2007 年 8 月，由美国次级抵押贷款市场动荡引起的金融危机到 2008 年席卷美国、欧盟和日本等世界主要金融市场，形成了一场全球性的金融危机。这场金融危机也迅速波及我国，对我国经济的发展产生了重要影响。2008 年下半年以来，中国经济受国际金融危机影响出现下行趋势，股市延续上半年趋势节节下跌。中国政府出台一系列刺激经济发展的重要政策和重大措施，积极应对历史罕见的国际金融危机的严重冲击，克服国际市场初级产品价格剧烈波动的不利影响，保持了国民经济平稳较快发展和物价基本稳定。特别是针对国际金融危机对我国经济的不利影响，我们果断提出灵活审慎的宏观经济政策，将宏观调控的重点转向保持经济平稳较快增长；明确提出实施积极的财政政策和适度宽松的货币政策，迅速推出扩大内需、促进经济平稳较快增长的十项措施。在这些政策的指导下，各级政府积极响应、努力工作，制定短期本地区经济发展的有效措施，使我们在应对国际金融危机中赢得了时间，争取了主动，稳定了局势。

因此，依法治国、依法行政，虽然都要求我们必须把法律作为治理国家和行政的依据，但这并不完全排除政策也是行政依据。但政策与法律是有区别的，二者不是一回事，不能混淆。那么，政策与法律二者的区别在哪里呢?

一是从制定的主体和程序来看。政策是由党和各级政府依照其职权制定的。从主要方面看，有政府制定的国家政策和政党制定的政策，有中央机关制定的中央政策和地方机关制定的地方政策；有党和国家的总政策，也有某一方面的具体政策。与法律的制定的程序相比较而言，政策制定的程序显得不很严格。而法律是由国家立法机关依照法定的立法程序制定的，其立法权限和创制程序均有复杂而严格的规定。

二是从表现形式来看。政策通常表现为纲领、决议、方针、指示、宣言、命令、声明、领导人的讲话或报告。政策具有指导性、原则性、号召性，其内容比较概括，很少用具体的条文规范来表述。法律通常采用制定法的形式，有法典式的，也有单行法规形式。法律具有确定性和规范性，通过调整行为主体的权利义务关系来实现其目标；法律不仅对人的行为有指导作用，而且反过来法律对政策的贯彻落实也有很大的保障作用，因而是实现国家政策和执政党政策的最为重要的手段。如果没有法律的体现和贯彻，仅仅依靠政策本身的力量和资源，很难达到其所要达到的政治、经济目的。当然，实现政策的形式很多，法律只是实现政策的形式之一，它只有同贯彻政策的其他形式相互配合，才能发挥更大的作用。

三是从实践中来看。政策有时又与法律相矛盾。如我国法律规定了不侵犯公民、企业等社会组织的合法权益，但在事实上特别是在前些年各种各样的乱收费成为侵犯公民、企业等社会组织合法财产的一个重要问题，而各种各样的乱收费都有其政策依据；再如我国法律规定了保证国家财政统一、减轻国家财政困难等，但在事实上有些地区、部门或单位在一些成文或不成文的政策下，却将大量国家财政资金建成自己的“小金库”。

那么，为什么会出现大量的政策与法律精神相违背的事情呢？或者说这种政策上的弊端是如何形成的呢？究其原因不外乎以下几个方面。

一是传统的思维惯性造成了重政策轻法律的现象所致。政策在我国享有历史性的威望。在革命战争年代，在打破、废除旧制度束缚时，不可能一下子从整体上建立起新的法律制度，主要靠政策办事，政策替代了法律的作用。在新中国成立后长期处于法制不完备，靠政策办事的状况。直到 20 世纪 80 年代初，我国基本以人治为主，党和政府的政策仍然是活跃于政治、经济、文化、教育等各个领域中，这种状况造成了人们根深蒂固的政策意识。虽然过去在政策与法律的关系上也有原则性规定，即有法律依法律，无法律依政策。法律本来就没有或很少，自然大多只能依政策。

二是制度上缺乏权力制衡机制。政策与法律的矛盾，其实质上是权与法的斗争。权力具有腐败的趋势，需要法律加以制约，通过法律来防止和制约权力滥用，否则就会失控、滥用、自我膨胀。现实中，法律注重约束公民权利胜过制约权力，职权与职责脱节，有关法律责任规定模糊，力度不够。权力远离法律的约束，极易在权力保护下出台一些违反规则和原则的政策，从而导致政策优于法律的现象。

三是法律本身的局限性需要政策的优势弥补是现实的原因。法律本身的缺陷表现在两个方面：（1）法律调整对象的范围是有限的。事实上在中国的法律制度内，存在并活跃着一大堆具有各种名号的不称为法律的“法律”，比如道德、政策、习惯等，它们不具备法律规则的形式，却在法律无法调整的社会领域，发挥着实际指引、评价、约束等法的功能。（2）法律规则具有滞后性的特点。社会是发展变化的，法律本身要求基本的稳定性，法律比较起社会来总是相对滞后些。

因此，必须协调好政策与法律的关系。首先，要从依政策行政转到依法律行政上来。总的原则是：在有法律规定的前提下，必须按照法律的规定办；在法律规定不是很明确的时候，必须依据法律的精神制定政策；在一般法律没有规定的前提下，不得违反宪法的规定，必须符合依法行政的内在精神。其次，要处理好政策向法律的转化问题。凡属重大问题、重要改革，要制定法律、法规，一般需要先用政策来指导，经过群众性的探索、试验，总结实践经验，研究、比较各种典型，全面权衡利弊，才能立法。因此要注意区分政策的法制化与政策对执法活动的指导，前者属于立法问题，后者属于执法问题。

第四章

国家公务员

——依法行政的主体

公务员必须具备的基本条件

国家公务员是依法行政的具体执行者，担负着依法管理国家事务、经济、文化事业和社会事务等重要任务。公务员依法行政的观念、能力不仅直接影响政府和行政机关依法行政的水平，而且还从根本上影响政府和人民的关系，反映出政府的形象，推进依法行政，尤其要增强公职人员的法制观念和依法办事能力。因此，树立公务员依法行政的观念和提高公务员依法行政的能力，是强化公务员队伍建设，真正做到有法可依、有法必依、执法必严、违法必究，保证国家的各项事业在社会主义法制轨道上顺利发展的一项紧迫任务。2005 年 4 月 27 日，第十届全国人民代表大会常务委员会第十五次会议通过的《中华人民共和国公务员法》，是新中国成立以来我国第一部干部人事管理的综合性法律，对规范公务员的管理，保障公务员的合法权益，加强对公务员的监督，建设高素质的公务员队伍，促进勤政廉政，提高工作效能，具有十分重要的意义。

《公务员法》第十一条，对公务员应当具备的条件作出了明确规定：（一）具有中华人民共和国国籍；（二）年满十八周岁；（三）拥护中华人民共和国宪法；（四）具有良好的品行；（五）具有正常履行职责的身体条件；（六）具有符合职位要求的文化程度和工作能力；（七）法律规定的其他条件。这是对公务员在国籍、年龄、政治品行、身体、文化和能力等方面的具体规定。《公务员法》之所以作出这一规定，是由国家公务员的工作特性所决定的。

作为我国的公务员，必须具有中华人民共和国国籍。也就是说，如果一个人不具备中国国籍，将会与我国的公务员职位无缘。在我国担任公务员，首先必须具有中华人民共和国国籍，即必须是我国的公民，享有宪法和法律规定的各种政治权利。因此，外国人和无国籍人不能担任我国的公务员。

对公务员之所以在年龄上作出必须“年满十八周岁”的严格规定，是因为公务员的工作是一个具有特定性质、要发挥特定作用的工作，特别是在中国共产党领导下的公务员是具有特定的世界观和政治倾向、要在社会实践和社会生活中对一般群众发挥积极带动作用的人。根据人生成长的规律，一个人在十八周岁之前，处于以接受教育为主的时期，处于世界观的形成时期。由于涉世不深甚至还没有真正步入社会，对纷繁复杂、矛盾交织的客观世界的认识和分析还缺乏深刻和冷静，对自己的思想和行为还缺乏协调和控制，对自己终生的政治追求和奋斗目标还缺乏稳定的认识和理解，一事当前，很容易产生冲动、偏激，甚至多变。人只有在成年以后，其世界观和政治倾向才具有相对稳定性，才具有确定的政治立场、政治方向、政治观点、政治鉴别力和政治敏锐性，才能确定自己终生的政治信仰和政治志向。一般说来，“十八周岁”是一个人步入成年的基本标志。更重要的是，根据我国宪法的规定，人“年满十八周岁”就有选举权和被选举权；根据《民法通则》的规定，“年满十八周岁”的人，是具备完全民事行为能力人，是成年人，也就具备了成为公务员的年龄资格。

对公务员之所以要求必须拥护宪法，是因为公务员的工作是在法律规定的范围内活动，是依法行使职责。而在我国的法律体系当中，宪法是根本大法，是公务员依法行政的根本大法。因此，公务员必须模范地遵守宪法以及在宪法基础上所制定的法律。

对公务员之所以要求必须具有良好的品行，是因为公务员在日常的工作中，是代表国家机关履行公职，行使的是公权力，在履行职务的过程中，其一言一行都代表着其所在机关。只有具备良好的品行，才能正确行使手中掌握的公权力，才能促进依法行政，才不会滥用权力。

对公务员之所以要求必须具有正常履行职责的身体条件，是因为公务员的职责，是较为繁忙的，是一种艰苦的职业。特别是随着时代的进步和实践的发展，公务员的工作和生活节奏不断加快，如果公务员没有与职位要求相适应的身体条件，就不可能胜任工作，就会影响行政工作的正常进展。

对公务员之所以要求必须具有符合职位要求的文化程度和工作能力，是因为公务员的工作涉及经济、政治、文化、社会等各个领域，每个领域又都有其特定的文化和能力要求。一般说来，公务员只有达到学历和能力要求，才能较好地完成工作任务。否则，如果文化和能力不足而担任过重的职位，这不仅对公务员本人是一种折磨，也会影响工作。反之，如果文化和能力强而被安排在过于简单的职位上，那不仅会影响公务员本人的积极性和创造力的发挥，而且是对人才资源的一种浪费。因此，法律法规对不同职位的公务员规定了相应的学历和能力要求，既体现了对公务员本人的关爱，也体现了对行政工作的负责。

对公务员之所以要求具有法律规定的其他条件，是因为《公务员法》对公民担任公务员的条件，只能作一般性的规定。事实上，具体到某一个特定行业、某一个工作岗位，又具有其不可避免的特殊性。所以，我国有许多行业性的、部门性的规章，都对本行业、本部门的公务员的条件有具体规定。这就决定了除《公务员法》对公务员的基本条件的规定之外，如果其他法律对相应公务员有专门法律规定的，还应当按照专门法律的规定执行。这样，才能使公务员更有保障地履行好工作职责。

正是从公务员必须具备的基本条件出发，我国《公务员法》第二十四条，还规定了下列人员不得录用为公务员：一是曾因犯罪受过刑事处罚的。在现代国家里，刑事处罚是对一个公民最严厉的处罚，只适用于处理犯罪分子。一个人如果受过刑罚，就表明他一定发生过严重危害社会的行为。这样的人显然不适合做负有管理社会公共事务，维护社会公共利益的重大责任的公务员。在这方面，不仅我国，世界上绝大多数国家的公务员立法，都有相应的规定。二是曾被开除公职的。开除公职是对机关内部公务员最严厉的惩戒措施。一个公务员被开除公职，说明他违反了公务员必须遵守的纪律或行为守则，不适宜担任公务员的工作。所以《公务员法》规定这类人不得担任公务员。三是有法律规定不得录用为公务员的其他情形的。这是一个兜底性条款。因为《公务员法》出台后，还会制定一些配套的法律。另外，在其他一些法律里，如《法官法》、《检察官法》、《人民警察法》等法律中，也会有关于哪些人员不得录用为公务员的规定。这些法律有规定，就要从其规定。总之，公务员作为国家公职人员，代表国家行使权力，所以公务员要模范遵守国家法律法规，遵守党纪政纪。

公务员必须履行的义务

公务员的义务，是指法律关于公务员在执行国家公务的活动中必须做出一定行为或不得做出一定行为的约束。《公务员法》第十二条规定，公务员应当履行下列义务：（一）模范遵守宪法和法律；（二）按照规定的权限和程序认真履行职责，努力提高工作效率；（三）全心全意为人民服务，接受人民监督；（四）维护国家的安全、荣誉和利益；（五）忠于职守，勤勉尽责，服从和执行上级依法作出的决定和命令；（六）保守国家秘密和工作秘密；（七）遵守纪律，恪守职业道德，模范遵守社会公德；（八）清正廉洁，公道正派；（九）法律规定的其他义务。

模范遵守宪法和法律。宪法和法律是在党的领导下，在广泛发扬民主的基础上，由国家最高权力机关制定的行为规范。一切组织和个人都必须遵守国家的宪法和法律，这是法治社会的基本要求。国家公务员遵守国家的宪法和法律，不仅要履行义务，而且必须发挥模范作用。这一方面公务员本身的工作就是要依法行政，而且公务员手中掌握国家的行政权力，其本身是否遵守宪法和法律，对人民群众有巨大的影响作用。所以，任何一个公务员只有模范地遵守宪法和法律的义务，而没有也不应该有超越宪法和法律的特权。特别是在我们党已经把依法治国定为治理国家的基本方略，把建设法治政府作为政府建设的基本目标的时候，公务员更需要增强纪律和法制观念，做自觉遵守国家法律和法规的模范。因此，公务员必须增强法制意识，认真学习法律知识特别是与自己工作关系密切的法律法规，自觉遵守法律法规，同一切违反法律法规的行为作斗争，即要做学法、知法、守法、护法的模范。

按照规定的权限和程序认真履行职责，努力提高工作效率。国家公务员的每一个职位，都是根据人民群众的公共利益和社会管理的工作需要而设置的，因而都承担着的一定的职责，为了保证职责的正常履行，都赋予了相应的权限。同时，为了保证各项公务工作有条不紊地进行，还按照事物发展的客观规律规定了相应的工作程序。一般说来，从一定的职责出发，在一定的权限内、按照一定的程序履行职责，就能够提高工作效率。因此，每一位公务员必须明确自己应当做什么事、应当怎么做事。这样，可以保证公务员在完成某一任务的过程中，合理配置人、财、物等种种资源，以最少的劳动耗费，取得最大的工作成效；可以实现行政工作的计划化，减少党的工作盲目性；可以调动公务员在完成任务过程中的积极性和主动性，开创政府工作的新局面。

全心全意为人民服务，接受人民监督。全心全意为人民服务，是中国共产党的宗旨，也是公务员必须坚持的宗旨。所谓宗旨是指最根本、最主要的意义和目的。我们的政府是人民政府，我们的政府工作人员只有全心全意为人民服务，才能体现政府的人民性质，才能体现公务员自身其存在的价值和意义。全心全意为人民服务，一方面要通过党和国家制定和执行正确的路线、方针、政策体现出来，更主要的则是通过广大公务员全心全意为人民服务的实际行动体现出来。因此，每一位公务员必须坚持全心全意为人民服务的宗旨，切实做到行政为民。为促进公务员全心全意为人民服务，只靠公务员自身的觉悟是不行的，还需要人民的监督。早在20世纪40年代，民主人士黄炎培就向毛泽东问到，共产党是否找到了跳出历史周期率的道路，毛泽东讲到，找到了，这条道路就是民主，只要有了人民群众的监督，就会避免周期率的重演。而今天的许多事实也一再证明，失去监督的权力必然导致腐败。因此，公务员要做到全心全意为人民服务，就必须主动接受人民监督，做到为人民的利益坚持对的，为人民的利益改正错的。

维护国家的安全、荣誉和利益。维护国家安全、荣誉和利益，是指维持和保护国家政权和社会制度的平安、安稳，增强民族自尊心，保卫国家的整体利益不受侵害。广义地讲，包括保障国家生存与发展的安全，即防备和抵抗侵略，制止武装颠覆，保卫国家的主权、统一、领土完整和安全，保证国家在对外交往以及对内活动中整体利益的发展等。在我国，维护国家安全、荣誉和利益，是巩固中华人民共和国人民民主专政的政权和社会主义制度，保障改革开放和社会主义现代化建设的顺利进行，带领人民群众创造美好生活的基本前提。它不仅是国家安全机关和公安机关的重要职责，也是一切国家机关和武装力量、各政党、社会团体、企业事业组织以及全体公民的义务。1993 年 2 月全国人民代表大会常务委员会通过的《中华人民共和国国家安全法》规定，“中华人民共和国公民有维护国家的安全、荣誉和利益的义务，不得有危害国家的安全、荣誉和利益的行为”、“国家对支持、协助国家安全工作的组织和个人给予保护，对维护国家安全有重大贡献的给予奖励”。因此，作为国家公务员，因为其工作性质所决定，与国家的安全、荣誉和利益有着直接的关系，更应当在维护国家安全、荣誉和利益方面为一般百姓作出表率。

忠于职守，勤勉尽责，服从和执行上级依法作出的决定和命令。忠于职守、勤勉尽责应是我们做好工作必备的基本素质。尽管每个人的岗位不尽相同，所负责任有大小之别，但要把工作做得尽善尽美、精益求精，就必须具备强烈的事业心、责任感。忠于职守、勤勉尽责应该是每一位公务员起码的职业操守和道德品质。做到忠于职守、勤勉尽责，首先要坚持权责统一，做到有权必有责、用权受监督、违法要追究。其次要建立必要的监督机制，特别是要积极推行行政问责制度和绩效管理制度，明确问责范围，规范问责程序，严格责任追究，提高行政执行力和公信力。再次要推进政务公开，使权力在阳光下运行，切实做到严格依法行政、公正行政、文明行政。最后要服从和执行上级依法作出的决定和命令，在我们的行政系统内部，有着严格的层级关系，个人服从组织、下级服从上级，不仅是对这种层级关系的遵从原则，而且是一条重要的政治纪律。因此，每一位公务员在上级依法作出的决定和命令面前，必须坚持服从和执行。当然这并不是说盲目服从、盲目执行。如果发现上级的和命令有明显错误，按照组织程序正常地通过组织反映。但是在上级改变决定和命令之前，必须服从和执行，不得在行动上有任何违抗的表现。只有如此，才能从根本上保证上级的政令畅通，保证各项行政工作的完成。特别是就上级的决定和命令来说，一般是站在全局的高度、战略的高度，按照民主集中制的程序而作出的，而我们的个人认识则往往受到个人知识、经历、经验等方面的局限。因此，决不能以个人的意见为标准去评判上级的决定和命令的正误。这也是我们为什么必须服从和执行上级决定和命令的一个重要原因。

保守国家秘密和工作秘密。国家秘密和工作秘密，是指关系到国家安全和利益、依照法定程序确定的、在一定时间内只限一定范围的人员知晓的事项。党和国家的秘密直接关系到党和国家的利益，关系到国家的经济、政治、国防、外交以及社会生活各个方面的稳定和安全。如不严格保守，就有可能损害国家主权和领土完整；损害国家的经济利益；损害国家的对外关系；妨碍国家方针政策和计划的实施；妨碍国家机关的职能活动；妨碍国家科学技术的发展；危害国家秘密通信手段和秘密情报来源的安全，影响党的事业的发展。因此，每一个公务员必须从维护党、国家和人民利益的大局出发，严格保守党和国家的秘密。真正做到不该说的秘密坚决不说；不该问的秘密坚决不问；不该看的秘密坚决不看；不该记录的秘密坚决不记；不在非保密本上记录秘密；不在私人通信中涉及秘密；不在公共场所和家属、亲友谈论秘密；不在不利于保密的地方存放秘密文件和资料；不在普通电话、明码电报、普通邮局传递秘密信息；不携带秘密材料游览、参观、探亲、访友和出入公共场所。每一个公务员必须把遵守党的纪律，严格保密制度、严守党和国家的秘密，当做自己的神圣职责。

遵守纪律，恪守职业道德，模范遵守社会公德。纪律与道德虽然是两个层面的问题，但二者之间又有着十分密切的联系。纪律作为行为规范，是完成任务的保证，是必须履行的义务。道德作为行为规范，是判断荣与辱、美与丑的标准，也是倡导什么和抵制什么的依据。因此，凡是荣的、美的和大加倡导的，一般说来就是纪律的必然要求；凡是辱的、丑的和抵制的，就是纪律所不容的。特别是公务员所从事的职业的特殊性，使其在职业纪律和职业道德方面又有着更为严格的要求。职业道德是指从事一定职业的人们在其特定的工作或劳动过程中所应遵循的道德规范和行为准则。公务员是国家行政机关的工作人员，直接从事国家某项公务活动。公务员的职业道德，是公务员在行政管理工作中应遵循的道德规范和行为准则，它主要包括政治道德和一般道德。从政治道德来看，国家公务人员其行为代表国家的法律精神，因而公务员的职业道德，具体体现为强烈的责任感和法律意识，严格的党性意识和政策水平，要全心全意为人民服务，坚持原则、实事求是，廉洁奉公、不谋私利，忠诚积极、以身作则。从一般道德来看，公务员又要与社会公民一样，遵从社会公德，如诚实守信、助人为乐、团结合作、艰苦奋斗、锐意改革等。

清正廉洁，公道正派。清正廉洁，公道正派，是公务员的立身之本。在人民群众的心目中，国家公务员向来被视之为“官”。做官先做人，万事民为先，这是为官之本。公务员做到把党的事业、国家利益、人民利益放在第一位，做到权为民所用、情为民所系、利为民所谋，不仅是一种政治品质，一种思想作风，一种人格力量。我国关于这方面的古训实在太多了：“其身正，不令而行，其身不正，虽令不从”。“公生明，廉生威”，公道自生清正，廉洁自立威严。因此，作为国家公务员，一要对己清正廉洁，政治上要立场坚定，任何时候，任何情况下都要忠于党、忠于人民、忠于职守，真正为人民掌好权、用好权；思想上要坦荡磊落，坚持说老实话，办老实事，做老实人；言行上要肝胆相照，坦诚相见，有容人、容事、容言的雅量和不事张扬，推功揽过的风度；处事上要堂堂正正，规规矩矩，清清白白。二是要对人公道正派，摆正自身位置，时时谦虚谨慎，平等待人，处处强化服务意识，提高服务质量，把搞好服务体现在行政部门工作中，努力增强国家公务员的凝聚力、向心力，树立国家公务员在人民群众心目中的良好形象。

公务员享有的权利

公务员的权利，是指法律关于公务员可以享受某种利益或可以做出一定行为的许可和保障。《公务员法》第十三条规定，公务员享有下列权利：（一）获得履行职责应当具有的工作条件；（二）非因法定事由、非经法定程序，不被免职、降职、辞退或者处分；（三）获得工资报酬，享受福利、保险待遇；（四）参加培训；（五）对机关工作和领导人员提出批评和建议；（六）提出申诉和控告；（七）申请辞职；（八）法律规定的其他权利。

获得履行职责应当具有的工作条件。我国有一句古语：巧妇难为无米之炊。这句话十分鲜明地体现出了工作条件对于开展工作和做好工作的极端重要性。公务员的工作也同样需要有基本的办公条件，如房屋、桌椅、纸笔、电话、电脑等。我们强调公务员要艰苦奋斗，并不是要公务员在没有任何工作条件的前提下去傻干、蛮干，去经受折磨，而是要不唯条件而论，不去追求无力承担、过于豪华、过于舒适的工作条件，不能因某种工作条件暂时不具备就不努力去开展工作。因此，随着社会的进步特别是经济的发展，适当改善公务员的工作条件是无可厚非的，这是公务员提高工作效率的基础。

非因法定事由、非经法定程序，不被免职、降职、辞退或者处分。所谓非因法定事由、非因法定程序，不被免职、降职、辞退或者处分的含义，是指公务员一经任用，非因法定事由、非经法定程序，不被免职、降职、辞退或者处分，这被称为公务员的身份保障权。之所以公务员法规定公务员的身份保障权，是保持公务员队伍稳定和行政管理的连续性的需要，是保证公务员公正履行职责的需要，是现代社会发展日益复杂化、专业化的需要。所谓法定事由，是指公务员的行为确实触犯了国家的法律或者公务员的纪律，构成了被依法免职、降职、辞退或者处分的情形或者事由。公务员的免职情形一般有：转换职位；晋升或者降低职务；因身体健康状况不能坚持工作一年以上；退休等等。公务员降职或处分的事由主要是违反了公务员的纪律，包括：散布有损国家声誉的言论，组织或参加旨在反对国家的集会、游行、示威等活动；玩忽职守，贻误工作；贪污、行贿、受贿、利用职务之便为自己和他人谋取私利；滥用职权，侵犯公民、法人或者其他组织的合法利益；参与或者支持色情、吸毒、赌博、迷信等活动；从事或者参与营利性活动，在企业或者其他营利性组织中兼任职务等等。公务员辞退的事由主要有：在年度考核中，连续两年被确定为不称职；不胜任现职工作，又不能接受其他安排；因所在机关调整、撤销、合并或者缩减编制员额需要调整工作，本人拒绝合理安排；不履行公务员义务，不遵守公务员纪委经教育仍无转变，不适合继续在机关工作，又不宜给予开除处分；旷工或者因工外出，请假期满无正当理由逾期不归连续超过十五天，或者一年内累积超过三十天。如果没有上述法定事由，就不可以给予公务员以免职、降职、辞退或者处分。所谓“非经法定程序”，是指国家规定的公务员被免职、降职、辞退或者处分所必须经历的法定过程。公务员违纪的，应当由处分机关决定对公务员违纪的情况进行调查，并将调查认定的事实及拟给予处分的依据告知公务员本人，而且公务员本人对此有权进行陈述和申辩。如果不经过上述法定程序，也不能对公务员给予免职、降职、辞退或者处分。

获得工资报酬，享受福利、保险待遇。在我国的现阶段，劳动还是人的谋生手段。公务员的行政工作则是众多劳动形式、工作职业中的一种，因此，公务员的劳动也同其他所有从事劳动的人一样，需要得到报酬，享受福利和保险，以维持自身劳动力的恢复、再生产和再发展。我们强调公务员要全心全意为人民服务，这并不是说公务员没有自己的个人利益，而且人民群众也没有因为公务员按照国家法律和政策领取了相应的待遇，就否认公务员为人民服务。相反，人民群众所痛恶的是那些利用手中的公权力为自己谋取私利的行为。因此，公务员享有获得工资报酬、享受福利、保险待遇的权利。否则，公务员就失去了维护生存和发展的物质前提。

参加培训。我国素有“脑不用要生锈，人不学要落后”的古训。对于每一个人来说，要想不断发展进步，全面提高自身素质，加强主观努力，积极学习马克思列宁主义、毛泽东思想和中国特色社会主义理论体系，认真学习党的路线、方针、政策和决议，认真学习党的基本知识，认真学习科学、文化和业务知识，是非常重要的。但是，组织对党员的经常性的教育和培训也是不可忽视的重要途径。因此，党和政府组织要为公务员接受教育和培训创造条件，要有计划地采取多种形式，特别要注重发挥各级党校、行政学院以及培训机构的作用，加强对公务员的教育和培训。广大公务员也服从组织的安排，积极参加和接受组织的教育和培训，以不断提高思想政治素质和业务水平，提高工作能力，创造新的业绩。

对机关工作和领导人员提出批评和建议。公务员享有的这一项基本权利，是发挥公务员的主动性和创造性，增强政府的凝聚力和战斗力，提高政府工作效率的重要措施。我们党和国家的民主集中制原则要求，党和国家在做出工作决策的时候，必须在充分发扬民主的基础上。公务员对机关工作和领导人员提出批评和建议，就是民主发展的重要形式。公务员在对机关工作和领导人员提出批评和建议的时候，可以口头或书面形式，按照一定的组织程序反映给相关组织。一般说来应当首先向自己所在的机关反映，并经过所在机关向上级机关反映。但在特殊情况下，公务员也可以向上级组织直至中央组织提出。每一个公务员都是政府肌体上的一个细胞，细胞有了活力，政府才能有强大的生命力。政府各项任务的完成，都有赖于公务员积极性的发挥。因此，每个公务员都应以主人翁的姿态，站在时代的前列，关心党和国家的事业，对党和国家的各项工作积极地提出自己的建议和倡议，并在实践中努力开拓，勇于创新，发挥自己的聪明才智，为建设中国特色的社会主义贡献力量。同时，党组织和政府机关也要支持和鼓励公务员对机关工作和领导人员提出批评和建议，并对公务员提出的批评和建议进行认真研究，合理的应予采纳并告知提出批评和建议公务员，特别是对于改进工作有重要价值的，应给予表扬或奖励。

提出申诉和控告。公务员的申诉权利，是指公务员对涉及本人的人事处理决定（包括行政处分的决定和被降职、被辞退的决定）不服时，可以向原处理机关申请复核，同时有权向同级公务员主管部门或者作出该人事处理的机关的上一级机关申诉，其中对处分决定不服的，也可以向监督机关提出申诉。公务员的控告权利，是指公务员对于机关及其领导人员侵犯其合法权益的行为，有权向上级机关或者有关的专门机关提出控告。规定公务员的申诉控告权是十分必要的。首先，宪法赋予了公民申诉控告权，公务员首先基于公民的身份，也享有相应的申诉控告权。其次，允许公务员依法提出申诉和控告，有利于纠正公务员处分工作中的失误和不当，保障与救济公务员的权利，防止个别人对公务员打击报复。再次，对于国家公务员违法失职行为的有效监督机制，有利于国家管理活动的民主化和法制化，对于监督机关及其工作人员依法办事、尽职尽责，都有重要的意义。公务员申诉的范围包括：处分、辞退或者被取消录用、降职、定期考核定为不称职、免职、申请辞职和退休未予批准、未按规定确定或者扣减工资福利和保险待遇、法律法规规定可以申诉的其他情形。公务员提出申诉控告后，经有关机关调查，确认有关机关人事处理确属错误的、机关及其领导人员的确侵犯该公务员合法权益的，应当撤销对该公务员错误的人事处理，恢复其名誉，赔偿其遭受的损失。对于机关及其领导人员侵犯公务员合法权益的情况，有关部门应当进行调查，追究相关责任人的法律责任。

申请辞职。公务员的辞职，是指公务员根据本人意愿，依照法律规定，在一定条件下，辞去公务员的职务，解除与国家行政机关关系的行为。辞职是法律赋予公务员的一项基本权利。辞职属于公务员个人的择业行为和愿望，必须由公务员本人提出，这是辞职得以实施的前提条件。公务员辞职必须经过一定的法律程序，要按照规定由本人提出申请，报经任免机关审核同意后方可生效，不得擅自离职。公务员辞职的主体受一定的法律限制，必须以维护国家安全、保守国家机密为前提条件，因而在涉及国家安全、重要机密等特殊职位上任职和调离上述职位不满解密期的公务员，以及在国家行政机关工作不满五年的公务员，不得辞职。辞职是公务员享有的一项有保障的权利，即享有法定的辞职待遇，在公务员辞职后虽然其公务员身份随之消失，但其工龄可以在其重新任职后连续计算等。但公务员辞职毕竟是一项十分严肃且有关其本人生活和前途的重大问题，不要仓促行事，也不要意气用事。

公务员的职位与级别

《公务员法》第十四条规定了国家实行公务员职位分类制度。公务员职位类别按照公务员职位的性质、特点和管理需要，划分为综合管理类、专业技术类和行政执法类等类别。国务院根据本法，对于具有职位特殊性，需要单独管理的，可以增设其他职位类别。第十五条规定了国家根据公务员职位类别设置公务员职务序列。第十六条规定了公务员职务分为领导职务和非领导职务。其中，领导职务层次分为：国家级正职、国家级副职、省部级正职、省部级副职、厅局级正职、厅局级副职、县处级正职、县处级副职、乡科级正职、乡科级副职。非领导职务层次在厅局级以下设置。公务员的职务与级别，是确定公务员工资及其他待遇的依据。公务员的级别根据所任职务及其德才表现、工作实绩和资历确定。公务员在同一职务上，可以按照国家规定晋升级别。

在职位分类的基础上对公务员进行分级，这是我国公务员制度的一个特色。我国公务员管理中设置级别的目的，一是适应职位分类的需要，对每一职位应按照其责任大小、工作难易程度分为不同的等级，使不同职位的公务员的平衡有了比较统一的标尺。二是适应公务员发展的需要，除了职务晋升以外，级别晋升也是公务员职业发展的重要渠道和台阶，可以增强公务员的荣誉感。因此，由于机构规格、职数的限制，公务员的职务可能无法晋升，但在同一职务上，公务员可以按照国家规定晋升级别。三是适应为公务员确定报酬的需要，可以使不晋升职务层次的公务员，以不同的级别工资体现按劳分配的原则。

公务员的录用、考核、奖励、惩戒

公务员的录用、考核、奖励、惩戒，是公务员法律制度的重要内容之一，它对提高公务员队伍的素质，实现公务员队伍的优化、精干，对于促进人才的成长和优秀人才的脱颖而出，对于加强行政机关的廉政建设等，都具有非常重要的意义。

公务员的录用，是指国家行政机关为推进工作，根据用人标准和用人条件，采取一定的方法和程序，从社会上选拔优秀人才到政府机关担任主任科员以下的非领导职务，并与其建立公务员权利和义务的行为。公务员录用制度是关于国家录用公务员的各种行为规范和准则的总称。它包括公务员录用的原则、标准和资格条件、方法和程序以及录用工作的组织等。为了保证国家公务员队伍的素质，录用国家公务员的原则是必须坚持“公开、平等、竞争、择优”和按照职位要求选人，录用国家公务员的标准是德才兼备，录用国家公务员的方法必须经过公开考试、严格考核、平等竞争、择优录用。《公务员法》从我国实际出发，借鉴国外公务员制度的经验，确定了公务员录用的范围和方法。一是机关选拔担任主任科员以下及其他相当职务层次的非领导职务的公务员，担任专业技术类、行政执法类中相当于主任科员以下职务层次的人员，一般采用从社会上公开选拔优秀人才的方法。二是担任领导职务和相当于副调研员以上非领导职务的公务员，特别是高职务层次的公务员，因为需要丰富的领导才能和业务知识，一定的工作经验和处理复杂问题的能力，这些都需要在实际工作中经过较长时间的磨炼和较多工作经验的积累，故在其领导职务和副调研员以上非领导职务的职位出现空缺时，一般采取内部晋升、调任等方式进行补充，较为合适。当然，也可以通过公开选拔的方式，但必须明确的是，采取公开选拔方式也必须对人选条件提出相应更高的要求。

对公务员的考核。公务员考核是我国国家公务员制度的一个重要组成部分，是国家公务员进、管、出三大环节中极为重要的工作环节。公务员的考核是指国家行政机关按照法定管理权限，根据国家公务员法规和国家其他有关规定所确定的考核内容、原则、方法、形式和程序，对所属公务员进行的考察和评价制度，它既包括对公务员的综合性、制度化的考核，也包括对公务员的各类单项考核。我国国家公务员的考核遵循客观公正、民主公开和注重实绩的基本原则。对公务员的考核，按照管理权限，采用领导与群众、定性与定量、平时与定期相结合的基本方法，全面考核公务员的德、能、勤、绩、廉，重点考核工作实绩。对公务员的定期考核结果，分为优秀、称职、基本称职和不称职四个等次，应当以书面形式通知公务员本人。对公务员定期考核的结果，作为调整公务员职务、级别、工资以及公务员奖励、培训、辞退的依据。

公务员的奖励。对工作表现突出，有显著成绩和贡献，或者有其他突出事迹的公务员或者公务员集体，给予奖励。奖励坚持精神奖励与物质奖励相结合、以精神奖励为主的原则。公务员集体的奖励适用于按照编制序列设置的机构或者为完成专项任务组成的工作集体。公务员或者公务员集体有下列情形之一的，给予奖励：（一）忠于职守，积极工作，成绩显著的；（二）遵守纪律，廉洁奉公，作风正派，办事公道，模范作用突出的；（三）在工作中有发明创造或者提出合理化建议，取得显著经济效益或者社会效益的；（四）为增进民族团结、维护社会稳定做出突出贡献的；（五）爱护公共财产，节约国家资财有突出成绩的；（六）防止或者消除事故有功，使国家和人民群众利益免受或者减少损失的；（七）在抢险、救灾等特定环境中奋不顾身，做出贡献的；（八）同违法违纪行为作斗争有功绩的；（九）在对外交往中为国家争得荣誉和利益的；（十）有其他突出功绩的。对公务员奖励分为：嘉奖、记三等功、记二等功、记一等功、授予荣誉称号。同时，公务员或者公务员集体有下列情形之一的，撤销奖励：（一）弄虚作假，骗取奖励的；（二）申报奖励时隐瞒严重错误或者严重违反规定程序的；（三）有法律、法规规定应当撤销奖励的其他情形的。

对公务员的惩戒。公务员必须遵守纪律，不得有下列行为：（一）散布有损国家声誉的言论，组织或者参加旨在反对国家的集会、游行、示威等活动；（二）组织或者参加非法组织，组织或者参加罢工；（三）玩忽职守，贻误工作；(四)拒绝执行上级依法作出的决定和命令；(五)压制批评，打击报复；(六)弄虚作假，误导、欺骗领导和公众；(七)贪污、行贿、受贿，利用职务之便为自己或者他人谋取私利；(八)违反财经纪律，浪费国家资财；(九)滥用职权，侵害公民、法人或者其他组织的合法权益；(十)泄露国家秘密或者工作秘密；(十一)在对外交往中损害国家荣誉和利益；(十二)参与或者支持色情、吸毒、赌博、迷信等活动；(十三)违反职业道德、社会公德；(十四)从事或者参与营利性活动，在企业或者其他营利性组织中兼任职务；(十五)旷工或者因公外出、请假期满无正当理由逾期不归；(十六)违反纪律的其他行为。如果公务员在公务活动中有上述行为之一，则依据其情节严重程度，给予纪律处分。处分分为：警告、记过、记大过、降级、撤职、开除。对公务员的处分，应当事实清楚、证据确凿、定性准确、处理恰当、程序合法、手续完备。公务员在受处分期间不得晋升职务和级别，其中受记过、记大过、降级、撤职处分的，不得晋升工资档次。受处分的期间为：警告，六个月；记过，十二个月；记大过，十八个月；降级、撤职，二十四个月。公务员受开除以外的处分，在受处分期间有悔改表现，并且没有再发生违纪行为的，处分期满后，由处分决定机关解除处分并以书面形式通知本人。解除处分后，晋升工资档次、级别和职务不再受原处分的影响。但是，解除降级、撤职处分的，不视为恢复原级别、原职务。同时，《公务员法》还规定：公务员有权对组织作出的处分决定进行陈述和申辩。

公务员的职务升降、任免、交流与回避

公务员的职务升降。我国《公务员法》第四十三条规定：公务员晋升职务，应当具备拟任职务所要求的思想政治素质、工作能力、文化程度和任职经历等方面的条件和资格。公务员晋升职务，应当逐级晋升。特别优秀的或者工作特殊需要的，可以按照规定破格或者越一级晋升职务。这规范了公务员职务晋升的必备条件和一般情况下应逐级晋升。《公务员法》第四十四条规定了公务员晋升领导职务的基本程序：（一）民主推荐，确定考察对象；（二）组织考察，研究提出任职建议方案，并根据需要在一定范围内进行酝酿；（三）按照管理权限讨论决定；（四）按照规定履行任职手续。第四十六条规定了公务员晋升领导职务的，应当按照有关规定实行任职前公示制度和任职试用期制度。关于公务员职务的降低，我国《公务员法》第四十七条作出了明确规定，即公务员在定期考核中被确定为不称职的，按照规定程序降低一个职务层次任职。

公务员的职务任免。按照我国《公务员法》的相关规定，公务员职务实行选任制和委任制。领导成员职务按照国家规定实行任期制。选任制公务员在选举结果生效时即任当选职务；任期届满不再连任，或者任期内辞职、被罢免、被撤职的，其所任职务即终止。委任制公务员遇有试用期满考核合格、职务发生变化、不再担任公务员职务以及其他情形需要任免职务的，应当按照管理权限和规定的程序任免其职务。公务员任职必须在规定的编制限额和职数内进行，并有相应的职位空缺。公务员因工作需要在机关外兼职，应当经有关机关批准，并不得领取兼职报酬。

公务员的交流。我国《公务员法》规定：国家实行公务员交流制度。公务员可以在公务员队伍内部交流，也可以与国有企业事业单位、

人民团体和群众团体中从事公务的人员交流。交流的方式包括调任、转任和挂职锻炼。公务员应当服从机关的交流决定。公务员本人申请交流的，按照管理权限审批。

公务员的回避。我国《公务员法》也作出了明确规定：公务员之间有夫妻关系、直系血亲关系、三代以内旁系血亲关系以及近姻亲关系的，不得在同一机关担任双方直接隶属于同一领导人员的职务或者有直接上下级领导关系的职务，也不得在其中一方担任领导职务的机关从事组织、人事、纪检、监察、审计和财务工作。公务员担任乡级机关、县级机关及其有关部门主要领导职务的，应当实行地域回避，法律另有规定的除外。公务员执行公务时，有下列情形之一的，应当回避：（一）涉及本人利害关系的；（二）涉及与本人有夫妻关系、直系血亲关系、三代以内旁系血亲关系以及近姻亲关系的；（三）其他可能影响公正执行公务的。公务员有应当回避情形的，本人应当申请回避；利害关系人有权申请公务员回避。其他人员可以向机关提供公务员需要回避的情况。机关根据公务员本人或者利害关系人的申请，经审查后作出是否回避的决定，也可以不经申请直接作出回避决定。法律对公务员回避另有规定的，从其规定。

公务员的培训

国家公务员的培训，是国家行政机关根据经济社会发展的需要以及职位的要求，通过多种形式，有计划、有组织地对公务员进行政治理论、文化知识、科学技术、操作技能等方面的教育、培养和训练，从而提高公务员的政治素质和业务水平。

国家公务员的培训，贯彻理论联系实际、分级分类、按需施教、讲求实效的原则。一般来说，对下列几类公务员必须进行培训。一是对新录用人员应当在试用期内进行初任培训；二是对晋升领导职务的公务员应当在任职前或者任职后一年内进行任职培训；三是对从事专项工作的公务员应当进行专门业务培训；四是对全体公务员应当进行更新知识、提高工作能力的在职培训，其中对担任专业技术职务的公务员，应当按照专业技术人员继续教育的要求，进行专业技术培训。同时，国家行政机关以外的工作人员，调入国家行政机关担任领导职务或助理调研员以上非领导职务，须到行政学院或其他指定培训机构接受调任培训，然后才正式任职；国家行政机关内部的跨地区、跨部门的平调轮换，也要进行适当的短期性转岗培训。

为保证公务员培训的效果，国家建立专门的公务员培训机构，如国家行政学院和地方各级行政学院，都是培训公务员的专门机构。同时，机关还可以根据需要委托其他培训机构承担公务员培训任务。

为保证公务员队伍特别是领导干部队伍后继有人，我国《公务员法》还特别规定：国家有计划地加强对后备领导人员的培训。因为领导人员，是我国公务员队伍的中坚力量，是国家事业发展的决定性力量。只有把领导人员培养成高素质的领导人才，才能保证公务员队伍的健康发展。而对领导人员的培养，不是一朝一夕的事情，而是一项长期的战略性重要任务，因此，需要从后备力量抓起，加强对后备领导人员的培训。

公务员的培训实行登记管理。公务员培训情况、学习成绩作为公务员考核的内容和任职、晋升的依据之一。《公务员法》的这些规定，可以强化公务员培训的管理工作，增强参加培训公务员的学习积极性，特别是把公务员的培训情况、学习成绩作为考核的内容和任职、晋升的依据，将在实践中有效地督促公务员增强接受培训的自觉性和实效性。

公务员培训是提高公务员素质、保证国家机关行政工作的效率与质量的重要措施，必须在实践中不断坚持和创新。

公务员的辞职、辞退与退休

辞职、辞退、退休是公务员管理中的“出口”环节，是重要的新陈代谢机制，辞职、辞退也是行政机关与公务员实行“双向选择”的一种制度，对于优化公务员队伍的素质，维护公务员的权利，保持公务员队伍的纯洁和管理高效率都有着十分重要的意义。我国《公务员法》对国家公务员的辞职、辞退、退休都作出明确了规定，使国家公务员行使辞职权利、国家行政机关行使辞退权利以及公务员的正常退休都有了法律保障。

公务员的辞职，是指国家公务员根据本人的意愿，依照法律规定，辞去现任职务，解除或部分解除其与国家行政机关权利义务关系的一种行为。辞职是法律赋予国家公务员的一项基本权利，以公务员的自愿为原则，依照法定程序办理。公务员辞职分为辞去公职和辞去现任领导职务两种。首先，辞去公职。公务员辞去公职，应当向任免机关提出书面申请。任免机关应当自接到申请之日起三十日内予以审批，其中对领导成员辞去公职的申请，应当自接到申请之日起九十日内予以审批。由于公务员工作的特殊性，并不是所有的公务员都可以在任何时候提出辞职和准予辞职。我国《公务员法》第八十一条规定，公务员有下列情形之一的，不得辞去公职：（一）未满国家规定的最低服务年限的；（二）在涉及国家秘密等特殊职位任职或者离开上述职位不满国家规定的脱密期限的；（三）重要公务尚未处理完毕，且须由本人继续处理的；（四）正在接受审计、纪律审查，或者涉嫌犯罪，司法程序尚未终结的；（五）法律、行政法规规定的其他不得辞去公职的情形。其次，辞去现任领导职务。公务员辞去领导职务，具体有以下几种原因。一是担任领导职务的公务员，因工作变动依照法律规定需要辞去现任职务的，应当履行辞职手续。二是担任领导职务的公务员，因个人或者其他原因，可以自愿提出辞去领导职务。三是领导成员因工作严重失误、失职造成重大损失或者恶劣社会影响的，或者对重大事故负有领导责任的，应当引咎辞去领导职务。还需要说明的是，领导成员辞去现任领导职务，也并非绝对的个人自愿的事情，所以我国《公务员法》还规定：领导成员应当引咎辞职或者因其他原因不再适合担任现任领导职务，本人不提出辞职的，应当责令其辞去领导职务。不论属于哪种情况或因何种原因辞职的公务员，离职前都应当办理公务交接手续，必要时按照规定接受审计。

公务员辞职，应当向任免机关提出书面申请；任免机关应当在三个月内予以审批。审批期间，申请人不得擅自离职。国家行政机关可以根据实际情况，规定国家公务员三至五年的最低服务年限；未满最低服务年限的，不得辞职。在涉及国家安全、重要机密等特殊职位上任职的国家公务员，不得辞职。

公务员的辞退，是指国家行政机关依照有关法律法规，通过一定的法律程序，在法定的管理权限内解除公务员的行政行为。我国《公务员法》第八十三条规定：公务员有下列情形之一的，予以辞退：（一）在年度考核中，连续两年被确定为不称职的；（二）不胜任现职工作，又不接受其他安排的；（三）因所在机关调整、撤销、合并或者缩减编制员额需要调整工作，本人拒绝合理安排的；（四）不履行公务员义务，不遵守公务员纪律，经教育仍无转变，不适合继续在机关工作，又不宜给予开除处分的；（五）旷工或者因公外出、请假期满无正当理由逾期不归连续超过十五天，或者一年内累计超过三十天的。为了防止行政机关滥用辞退权力，切实保障公务员的合法权益，我国《公务员法》第八十四条又作出了在特殊情况下，对公务员不得辞退的规定，指出对有下列情形之一的公务员，不得辞退：（一）因公致残，被确认丧失或者部分丧失工作能力的；（二）患病或者负伤，在规定的医疗期内的；（三）女性公务员在孕期、产假、哺乳期内的；（四）法律、行政法规规定的其他不得辞退的情形。辞退公务员，关系到公务员的职业生涯，必须严格按照管理权限决定。辞退公务员的决定，应当以书面形式通知被辞退的公务员。被辞退的公务员，可以领取辞退费或者根据国家有关规定享受失业保险。被辞退的公务员，离职前应当办理公务交接手续，必要时按照规定接受审计。

公务员的退休，是指公务员达到国家规定的退休年龄或者完全丧失工作能力的，应当退休。我国《公务员法》第八十八条规定，公务员符合下列条件之一的，本人自愿提出申请，经任免机关批准，可以提前退休：（一）工作年限满三十年的；（二）距国家规定的退休年龄不足五年，且工作年限满二十年的；（三）符合国家规定的可以提前退休的其他情形的。公务员退休后，享受国家规定的退休金和其他待遇，国家为其生活和健康提供必要的服务和帮助，鼓励发挥个人专长，参与社会发展。

公务员的法律责任

公务员作为社会分工中的一种职业，与其他职业有着很大的不同，主要就是公务员从事的是国家经济、政治、文化和社会公共事务的管理工作，而其进行管理的手段或工具就是国家行政权力这一本来属于人民的公权力。为了防止公权力的异化，保证公权力的正确行使，使公权力真正为社会公众带来实际利益，除了必须对公务员的行政行为作出明确的规范和约束之外，还必须对滥用公权力、损害公众利益的行为进行必要的处罚，直至法律处罚。

因此，我国《公务员法》第十七章专门规定了公务员的法律责任，其中第一百零一条指出：对有下列违反本法规定情形的，由县级以上领导机关或者公务员主管部门按照管理权限，区别不同情况，分别予以责令纠正或者宣布无效；对负有责任的领导人员和直接责任人员，根据情节轻重，给予批评教育或者处分；构成犯罪的，依法追究刑事责任：（一）不按编制限额、职数或者任职资格条件进行公务员录用、调任、转任、聘任和晋升的；（二）不按规定条件进行公务员奖惩、回避和办理退休的；（三）不按规定程序进行公务员录用、调任、转任、聘任、晋升、竞争上岗、公开选拔以及考核、奖惩的；（四）违反国家规定，更改公务员工资、福利、保险待遇标准的；（五）在录用、竞争上岗、公开选拔中发生泄露试题、违反考场纪律以及其他严重影响公开、公正的；（六）不按规定受理和处理公务员申诉、控告的；（七）违反本法规定的其他情形的。

由于公务员工作岗位的特殊性，其在位时的权力影响和关系影响不会随着本人的辞职和退休而立即消失。如果其带着这种权力或关系的光环到与其原工作业务直接相关的企业或者其他营利性组织任职，从事与原工作业务直接相关的营利性活动，那就会造成市场竞争中的不平等，就会扰乱市场经济秩序。为了防止此种情况的发生，我国《公务员法》

第一百零二条规定：公务员辞去公职或者退休的，原系领导成员的公务员在离职三年内，其他公务员在离职两年内，不得到与原工作业务直接相关的企业或者其他营利性组织任职，不得从事与原工作业务直接相关的营利性活动。公务员辞去公职或者退休后有违反这一规定行为的，由其原所在机关的同级公务员主管部门责令限期改正；逾期不改正的，由县级以上工商行政管理部门没收该人员从业期间的违法所得，责令接收单位将该人员予以清退，并根据情节轻重，对接收单位处以被处罚人员违法所得一倍以上五倍以下的罚款。

同时，我国《公务员法》还规定了公务员应当承担法律责任的其他情况。第一百零三条规定：机关因错误的具体人事处理对公务员造成名誉损害的，应当赔礼道歉、恢复名誉、消除影响；造成经济损失的，应当依法给予赔偿。第一百零四条规定：公务员主管部门的工作人员，违反本法规定，滥用职权、玩忽职守、徇私舞弊，构成犯罪的，依法追究刑事责任；尚不构成犯罪的，给予处分。

从现实来看，在公务员队伍中，违纪违法甚至是犯罪的案件时有发生，特别是近年来，处党纪政纪处分和追究法律责任的领导干部不在少数。据中央纪委的报告中显示：2002 年 12 月至 2007 年 6 月，全国各级纪检监察机关共立案 677924 件（年均 135585 件），给予党纪处分 518484 人（年均 10370 人）。2008 年，全国各级纪检监察机关共立案 128516 件，给予党纪政纪处分 133951 人。2009 年，全国纪检监察机关共立案 134504 件，给予党纪政纪处分 138708 人。特别值得注意的是，2009 年是我国改革开放 30 多年以来，落马高官最多的一年，先后有 18 位省部级干部被查处，人们将其称之为“反腐风暴年”。这些逐年增长的受党纪政纪处分人数的数字表明，我们的公务员队伍到了不加强建设不行的地步，而加强公务员队伍建设的一个重要方面，就是强化公务员的纪律和法律意识，使其深刻地认识到，如果不依法行政，就必然要承担法律责任，受到法律制裁。通过公务员的高度觉悟和党纪政纪、国家法律的强制力、威慑力，促使广大公务员坚持做到依法行政。

《公务员法》对我国公务员制度的创新性发展

《中华人民共和国公务员法》是在《国家公务员暂行条例》的基础上发展制定的，保证了制度的连续性和稳定性，同时又有较大的发展。但是相比之下，两者还是存在着区别的，《公务员法》相较与《公务员暂行条例》对于公务员制度的发展主要体现在以下几个方面：

第一，科学界定了公务员范围。将公务员范围以法律的形式来划定，有利于对公务员的管理，使之更加有法可依，并且向着有序科学的方向发展。《国家公务员暂行条例》第三条规定：本条例适用于各级国家行政机关中除工勤人员以外的工作人员。此条例虽被普遍认为是对于公务员范围的一个划定，但是相对于《公务员法》第二条明确规定的：本法所称公务员，是指依法履行公职、纳入国家行政编制、由国家财政负担工资福利的工作人员。后者的界定更加规范，因而成为对公务员范围的最权威的解释。从中可以看到确认一个人的公务员身份，必须有三个条件。首先，必须是依法履行公职；其次，使用行政编制；再次，由国家财政负担工资福利。只有这三个条件须同时具备，才是国家公务员。因此，我国公务员的范围包括：中国共产党和各民主党派机关工作人员；各级人大机关工作人员；各级国家行政机关工作人员；各级政协机关工作人员；法官；检察官等。

第二，提出了公务员分类管理制度。长期以来，在对公务员管理的实践中，我们是按照领导职务和非领导职务两个系分类来管理的。这种管理方式的一个明显弊端就是，导致公务员的职业发展过于单一、基层公务员晋级空间很小。在《公务员法》第三章里特别规定了公务员的职位，按照它的性质区别划分为综合管理类、专业技术类、行政执法类，并且国务院可以根据实际需要在条件成熟的时候建立新的职位类别。这种分类管理的理念无疑是先进的、科学的，对于调动从事各类公务的人员的积极性必将产生巨大的意义。

第三，建立了公务员职位聘用制度。在《国家公务员暂行条例》中，虽然也规定了部分职务实行聘任制，但实践中却一直没有实行。2003年6月江苏省无锡市开出50万元天价向海内外公开招聘首席招商顾问，引起了全社会的广泛关注。《公务员法》第十六章，专门规定了职位聘任，指出：对一些专业性较强的职位和辅助性的职位可以进行聘任，签订合同，按照合同进行管理。如《公务员法》第九十五条规定：机关根据工作需要，经省级以上公务员主管部门批准，可以对专业性较强的职位和辅助性职位实行聘任制。在《公务员法》中将公务员聘用制专立一章，不仅仅显示了国家政府对于公务员聘用制的重视，也显示了法律制定的严格和规范。这一规定更为重要的意义在于，政府雇员突破了传统用人制度的限制，将政府公务员职位的常任制与非常任制结合起来，使政府人力资源更加合理配置；政府雇员制度大大缩小了政府规模，建立起小而强的政府模式，节省了政府管理的成本，缓解了政府财政的压力；政府雇员制度有效地提高了政府工作人员的素质和管理水平，能够更好地为社会提供公共服务。建立职位聘用制，使公务员的队伍更新换血更加容易，更有活力，特别是对于一些暂时的或者是技术强度比较高的职位，是一种非常科学有效的方法。

《公务员法》还建立了专门适用于聘任制公务员与机关之间发生争议时的处理制度，即人事争议仲裁制度。如果被聘用人员与机关之间因履行聘任合同而产生了争议，应先由一个中立的人事争议仲裁机构来调解和裁决。如果当事人对裁决不服，可以向人民法院提起诉讼。在此规定上，也体现了民法和合同法的处理原则。按照这一原则，可以在更高程度上切实维护政府机关和被聘用人员的合法权益。

第四，完善了公务员竞业禁止制度。竞业禁止在很多行业里都有，但都是作为一种商业上和劳动合同方面的条约，其所涉及的只有企业的商业秘密或个人权益。作为特殊职业的公务员的竞业禁止则与之不同，因为公务员从事的是国家公务活动，一般都可能涉及国家机密、社会利益等方面的问题，其影响远远大于一般性的商业机密和个人利益。因此，《公务员法》在原来的《公务员暂行条例》第七十三条规定（国家公务员辞职后，二年内到与原机关有隶属关系的企业或者营利性的事业单位任职，须经原任免机关批准）的基础上，对此作了更加严格和明确的规定。一是《公务员法》第一百零二条指出：公务员辞去公职或者退休的，原系领导成员的公务员在离职三年内，其他公务员在离职两年内，不得到与原工作业务直接相关的企业或者其他营利性组织任职，不得从事与原工作业务直接相关的营利性活动。这里区分了领导成员的公务员和其他公务员，因为其不同的公务员级别性质对于之后从事相关工作的影响力的不同做了划分，这不仅是十分合理的，而且也是符合我国现实的。二是在《公务员法》第一百零二条中规定：公务员辞去公职或者退休后有违反前款规定行为的，由其原所在机关的同级公务员主管部门责令限期改正；逾期不改正的，由县级以上工商行政管理部门没收该人员从业期间的违法所得，责令接收单位将该人员予以清退，并根据情节轻重，对接收单位处以被处罚人员违法所得一倍以上五倍以下的罚款。对于违反该就业限制的行为也作出了处罚规定，充分体现了立法罪、责、刑相结合的原则。如此详尽的规定，不仅对于防患于未然会起到很好的作用，同时对于辞职离职的公务员的管理也更加规范科学。

第五，规定了公务员引咎辞职制度。引咎辞职，就是由自己因为处于自身的内疚心理而主动承担过失或错误的责任而辞职的行为。《公务员法》第八十二条第三款规定：领导成员因工作严重失误、失职造成重大损失或者恶劣社会影响的，或者对重大事故负有领导责任的，应当引咎辞去领导职务。第四款规定：领导成员应当引咎辞职或者因其他原因不再适合担任现任领导职务，本人不提出辞职的，应当责令其辞去领导职务。在《公务员法》中专门把此作为一种制度规定下来，一方面是因为之前这种做法取得了一定的成功，值得推广实施；再者，引咎辞职如果仅仅靠自觉，还是不够的，而处于行政命令的压力，也不是法制社会的长久之计。因此，《公务员法》把引咎辞职置于法律规范范畴内，从而使引咎辞职制度有了法律的根本保障，使处于领导地位的公务员更加明白自己身上的责任，减少因失职失误而给国家和人民造成重大损失。同时，按照《公务员法》关于引咎辞职的相关规定，“引咎辞职”者并非一定是直接责任人，对那些直接责任人来说，他们要面对的就不是简单的“引咎辞职”，而是要受到与其责任相应的党纪政纪处分或行政、刑事处罚，承担相关的法律责任。近年来，在频繁出现的重大责任事故的处理中，我们经常可以听到某某负责人、重要责任人引咎辞职的信息，就是对这一法律精神的实践贯彻。

第六，对公务员在执行上级决定或命令时的权利和义务作出了新的规定。《公务员法》第十二条第五款规定：忠于职守，勤勉尽责，服从和执行上级依法作出的决定和命令。这表明公务员服从和执行上级依法作出的决定或命令，是公务员应当遵守的义务，也是任何一名公务员熟知的常识性问题。但为防止因执行上级违法或者错误的决定或者命令，而对公共利益或者公民的合法权益造成重大的不可挽回的损失，《公务员法》第五十四条同时规定：公务员执行公务时，认为上级的决定或者命令有错误的，可以向上级提出改正、撤销该决定或者命令的意见。上级不改变该决定或者命令，或者要求立即执行的，公务员应当执行该决定或者命令，执行的后果由上级负责，公务员不承担责任。但是，公务员执行明显违法的决定或者命令的，应当依法承担相应的责任。这一规定，是对党和国家民主集中制原则的贯彻，提供了正确处理公务活动中个人与组织、下级与上级之间关系的基本准则，既保证了上级决定或命令的有效贯彻落实，同时又保证了公务员充分行使民主权利。

除此之外，《公务员法》还吸收了干部人事制度改革当中的包括竞争上岗、公开选拔、交流挂职锻炼、任职的试用期的一些经验，并且规定了公务员的基本义务，公务员必须遵守的纪律以及对违纪公务员的处分形式等。

总之，《公务员法》的出台，填补了我国法律体系的一个空白，是我国干部人事管理法制化进程中一个具有里程碑意义的重大创新，为健全国家公务员制度、建设高素质的公务员队伍提供了基本法律依据，是贯彻依法治国方略的重要举措。《公务员法》的贯彻实施，有利于推动干部人事制度改革的深入发展，实现干部人事管理的科学化和法制化，促进社会主义民主政治建设的进程。

第五章

路是人走出来的

——公务员依法行政能力

强化公务员依法行政观念

人们的观念就是人们的眼镜，戴什么颜色的眼镜就会看到什么颜色的世界。我们要想推进依法行政，很重要的一点就是使广大公务员牢固树立依法行政的观念。这主要包括：

第一，宪法至上的观念。宪法是国家的根本法，具有最高的法律效力。我国的法律体系可以分为多个层面，主要有宪法、法律、行政法规、地方性法规、规章等各种层次的法律规范，其中宪法居于最高地位，其他一切法律规范都必须以宪法为依据，凡与宪法抵触则无效。因此，一切机关、组织和个人都必须以宪法为根本的活动准则，负有维护宪法尊严、保证宪法实施的职责。行政公务人员应做遵守宪法、实施宪法、维护宪法的模范。

第二，尊重人权的观念。"国家尊重和保障人权"，是我国宪法的重要内容。尊重和保障公民权利、规范国家权力，重点是规范行政权力，这是现代宪法的核心价值理念，突出地宣示了我国宪法的人权关怀，体现了党执政为民、政府行政为民的民本理念。这就要求行政公务人员增强尊重人权的观念，在行政管理过程中自觉地依法保护公民的基本权利，特别是公民的平等权利、政治权利、精神与文化活动的自由、人身自由与人格尊严、社会经济权利以及获得救济的权利，尽量避免行政机关随意侵害公民权利的案件。

第三，行政权力有限的观念。行政权力是一种能够支配大量社会资源的公权力。随着社会生活的日益发展，行政机关的公共管理和服务领域也不断拓展，从而使行政权力具有的易于扩张、易于滥用的特性也更为突出。这就要求行政公务人员必须具备行政权力有限的意识，把行使行政职权严格界定在法律允许的范围之内，注意上下左右不越界、不越位、不越度。

第四，行政民主的观念。行政民主是一种世界性潮流，它呼唤行政机关与行政相对人之间的良性互动，要求为行政相对人参与行政管理过程提供更多机会。因此，在行政决策从制定到实施再到评判的全过程中，都须强化民主参与，充分吸收民众的意见和建议。目前，在我国已经出现了越来越多的行政民主的要求、规范和做法，例如行政立法过程中的座谈会、论证会，行政执法过程中的听证会和当事人陈述事实、申辩理由，行政相对人对行政机关与行政首长的民主评议，采取具有协商性和可选择性的行政合同、行政指导等柔软、人性的灵活的方式实施行政管理等等。行政公务人员对此应当积极推行，并在实践中不断开创新的行政民主新举措。

第五，行政服务的观念。在传统计划经济时代，行政机关与行政相对人之间是不平等关系，行政机关几乎完全以行政计划、行政审批、行政强制等单方意志和手段来实施行政管理、维持行政秩序。这种行政管理的模式，虽然可以使政府意旨最大限度地得以实现，但却忽略了行政相对人的意愿，在很大程度上抑制了行政相对人的积极性和创造力，甚至十分容易造成损害行政相对人利益的情况发生。随着社会主义市场经济体制的建立和完善，随着社会主义法治国家的建设，转变政府职能、完善行政管理、健全行政法制，就成为政治体制改革的重大课题。其基本的取向就是建设服务型政府，特别是建设法治政府。因此，行政公务人员必须牢固树立、不断增强服务意识、改进管理方式，即由管理行政、指令行政转向服务行政、指导行政，积极向行政相对人提供信息、政策、专业技术等方面的指导帮助以及各种公共服务。

第六，行政程序的观念。在行政机关的执法实践中，很多时候存在着重实体法、轻程序法的问题，行政程序违法的典型案例很多，社会影响恶劣，教训非常深刻，增强行政执法的程序意识，显得越来越紧迫。依照法定的（含正当的）方式、步骤、顺序、期限等方面的行政程序来实施行政管理，是现代行政法治的要求。程序，一般说来是对事物发展规律的一种外在化体现。按照程序办事，是尊重规律、做好工作的重要保证。如果程序倒错，就有可能使本来良好的愿望出现事与愿违的结果，甚至会损害他人的合法权益。特别是作为行政管理、行政复议和行政诉讼，都必须依靠证据链条来支撑法律事实和权利主张，这也要求行政公务人员还应当增强行政证据观念，把获取有效证据作为行政程序的重要步骤。

第七，行政诚信的观念。政府作为行政权力机关，要获得群众的信任，诚信是必不可少的。特别是我国社会主义条件下，人们对政府是人民政府这一点已经是深信不疑，如果政府有一点不诚信的行为，不仅是对政府形象的一种损害，而且是对人民群众情感上的一种极大伤害。政府的诚信表现之一，应当保持政府行为的连续性和可预期性，不能朝秦暮楚、随意改变；表现之二，就是要说到做到，承诺践诺，不能说空话、套话、大话，更不能说假话、欺骗群众；表现之三，就是如果出于重大公共利益的考虑需要征用财产、调整政策、改变行为，例如收回政府机关颁发的许可证照，也应按照信赖利益保护原则，对权益受到影响的行政相对人给予公平补偿。

第八，行政责任的观念。政府行政机关及其公务员，掌握和行使着国家的行政权力，要有权力就有责任，权力越大责任也就越大。因此，政府公务员必须增强行政责任观念，切实做到廉政勤政。如果政府及其人员没有履行好自身责任而给行政相对人带来利益上的损失，就必须承担行政责任，违反法律的还必须承担法律责任。树立责任观念的要求之一，就是树立责任重于泰山的思想，在自己的工作岗位上尽职尽责，决不能失职渎职。要求之二，就是对自身没有履行好职责而使行政相对人利益受损，就要对行政相对人进行行政救济。有损害必有救济，这是现代法治的基本精神。行政相对人的合法权利受到损害后的救济渠道，包括行政申告、行政复议、行政诉讼、行政赔偿、行政补偿。要求之三，就是如果行政机关及其工作人员有行政违法行为，就要承担法律责任，包括行政法律责任、民事法律责任、刑事法律责任等。为促进行政机关及其工作人员增强行政责任观念，责任机制的建立和健全是基础，有效监督是关键。行政机关和行政公务人员必须自觉接受人大监督、民主监督、舆论监督、群众监督等外部监督，以及上级监督、监察监督、审计监督等内部监督，通过监督来判明责任，包括法律责任、政治责任和道义责任。

总之，要提高行政机关和广大公务员的依法行政能力，建设法治政府，就必须牢固树立现代法治观念，以强烈的法治观念指导依法行政行为。

提高公务员依法行政能力

依法治国，作为我们党领导人民治理国家的基本方略，只有通过法律实施才能体现成效，而法律是由特定的机关和特定的工作人员来实施的。在我国，各级行政机关及其工作人员是依法行政的主体，因此，进一步培养和增强行政机关和行政人员特别是领导干部的法律素质，提高他们的依法行政水平和能力，加快推进依法治国进程，才能为促进我国的改革开放和社会主义现代化建设事业营造良好的法治环境。

各级行政机关及其工作人员，要充分认识推进依法行政、建设法治政府的重要意义，全面履行宪法和法律赋予的经济调节、市场监管、社会管理和公共服务的职能，加强政府自身建设，不断提高依法行政的能力和水平。当前和今后一段时期要着重抓实以下三个方面：

一是全面推进依法行政，促进经济社会科学发展。要不断通过制度创新，积极稳妥地解决改革发展中的矛盾和问题。转变经济调节和市场监管的方式，切实把政府经济管理职能转到主要为市场主体服务和创造良好发展环境上来。推进行政审批制度改革，创新政府管理方式，提高办事效率。

二是全面推进依法行政，发展社会主义民主政治。要努力将政府行为纳入法制化、规范化的轨道，政府权力的取得和运作都要依法而行，行政权力的行使要切实做到为民、便民、利民。不断推进决策的科学化、民主化，对与人民群众利益密切相关的重大事项，要实行公示、听证等制度，扩大人民群众的参与程度。进一步理顺行政执法体制、加快行政程序建设，完善行政执法监督制度和机制。

三是全面推进依法行政，构建社会主义和谐社会。当前，要继续解决好农村土地征收征用、城镇房屋拆迁、企业重组改制和破产过程中损害群众利益的问题，体现公正、公平。畅通社情民意反映渠道，积极引导人民群众以理性、合法的形式表达利益诉求。建立健全社会预警体系，形成统一指挥、功能齐全、反应灵敏、运转高效的应急机制，提高保障公共安全和处置突发事件的能力。

在我们的公务员队伍中，有相当一部分都是工作在政府部门、执法的第一线，这些公务人员是否能够率先垂范依法行政，依法行政能力的强弱，直接决定着我们依法行政是否能够实现。而要切实提高公务员的依法行政能力，就必须首先提高公务人员的法律素质和观念。公务员队伍的法律素质是依法行政的决定性因素。尽管政府自20世纪80年代以来进行了比较广泛的法律普及工作，但是，普法并不平衡，具体表现为四个方面：从公众层面看，权利意识强，规则意识弱；从公务员队伍看，权力意识强，责任意识弱；从政府层面看，上级政府法治观念强，下级政府法治意识弱；从一些具体事件看，公众的法律意识强，官员的法律意识弱。正是这些问题的存在，导致现实生活中有许多不该发生的事情发生了，导致社会不稳定因素的增长。要解决这些问题，关键是增强官员的法律意识，增强官员依法执政的能力。

因此，要继续进行深入广泛、灵活多样的普法活动，特别是各级领导干部以及行政工作人员，更要做好学法用法工作，进一步培养和增强领导干部的法律素质，提高各级领导干部依法决策、依法行政、依法管理水平，为推进依法治国进程，促进我国的改革开放和社会主义现代化建设事业营造良好的法治环境。为此，中组部、中宣部、司法部曾经联合作出了《关于加强领导干部学法用法工作的若干意见》。

在《关于加强领导干部学法用法工作的若干意见》中提出：加强领导干部学法用法工作的基本目标是实现“三个不断”，即不断增强领导干部依法治国、权利义务对等和依法履行职责等法治观念；不断提高各级领导干部依法决策、依法行政、依法管理的能力，逐步实现注重依靠行政手段管理向注重运用法律手段管理的转变；不断提高领导干部学法的计划性、系统性和针对性，推进领导干部学法用法的规范化、制度化建设，使领导干部学法用法工作深入健康发展。

在《关于加强领导干部学法用法工作的若干意见》中强调，领导干部的学习内容主要有以下几个方面：一是学习邓小平民主法制理论。重点学习邓小平关于社会主义现代化建设与民主法制的关系，民主与法制的辩证关系，社会主义民主法制的本质特征，社会主义法制的基本要求，社会主义法制建设的发展规律等方面的论述。二是学习江泽民同志关于依法治国、建设社会主义法治国家和加强民主法制建设等重要论述。认真领会依法治国的重大意义、目标和任务，正确理解依法治国与社会主义经济发展的关系，依法治国与以德治国的关系。三是学习宪法和法学基础理论。要全面掌握宪法原则，增强宪法观念。要学习法学的基本理论，提高法治理论水平。四是学习社会主义市场经济方面的法律法规知识。要结合科教兴国、可持续发展、西部大开发等发展战略，结合整顿规范市场经济秩序和诚信制度建设，重点学习保护市场主体权利、规范市场行为、维护市场秩序、加强国家宏观调控及劳动和社会保障等方面的法律法规。五是学习维护社会稳定相关的法律法规知识。要结合“严打”整治斗争和社会治安综合治理，结合打击“法轮功”邪教组织和封建迷信、黄赌毒等丑恶现象，学习有关方面的法律法规。六是学习有关世贸方面的法律法规知识。要熟悉世界贸易组织基本规则，了解我国为加入世贸组织而制定、修改的法律法规及有关国际经济贸易方面的法律知识。七是学习与本职工作相关的法律法规。学习领导干部履行工作职责所必需的专业法律知识和我国刑法中有关职务犯罪的规定及与反腐倡廉有关的法律知识。

在《关于加强领导干部学法用法工作的若干意见》中强调，领导干部学法的方法是：坚持集中培训。培训是领导干部学习法律知识的重要形式。各级党校、行政学院、干校要把干部法律知识教育培训纳入计划，把法制课列入领导干部的必修课程，要坚持举办适合各级领导干部需要的法制讲座。坚持党委（党组）中心组学习。建立健全党委（党组）中心组学法、政府办公会前学法制度，充分发挥法学专家、政府法律顾问的作用。坚持自学与辅导相结合。领导干部要结合自身的工作性质与特点，联系工作实际，确定学习内容。坚持自学，持之以恒，并主动接受各种形式的辅导，提高学习效果。坚持学法用法相结合，提高领导干部依法决策、依法行政、依法管理的能力和水平。为提高学法效果，《关于加强领导干部学法用法工作的若干意见》还特别提出，要本着以考促学的宗旨，定期开展对领导干部法律知识水平和依法办事能力的考试考核工作。要实行严格管理，力戒形式主义。按照“条块结合，以块为主”的原则，由各级党委组织部门、宣传部门和政府司法行政部门等有关部门共同组织对领导干部进行法律知识的考试考核。各地区、各部门要把领导干部学习法律知识和考试考核结果以及学法用法情况，作为年度考核的重要内容和领导干部任免、晋升、奖惩的依据之一。对于不学法、不懂法的干部，不能提拔重用。有条件的地方也可以逐步推行领导干部法律知识任职资格制度。

为切实推进领导干部学法用法工作的深入，《关于加强领导干部学法用法工作的若干意见》中强调要求，各地区、各部门要高度重视并切实加强对领导干部学法用法工作的领导，列入议程，明确职责，确保实效。要紧密结合实际，制定切实可行的中长期规划与年度计划，精心组织实施，确保领导干部学法用法工作的深入开展。各级党委组织部门、宣传部门和政府司法行政部门要在党委的统一领导下，充分发挥职能作用，相互支持，密切配合。党委组织部门负责对领导干部学法用法工作的宏观指导和监督，并把领导干部学法用法情况列入干部考核内容，与干部的选拔、任用结合起来。党委宣传部门负责领导干部学法用法工作的督导检查和舆论宣传。司法行政部门具体承担领导干部学习法律知识的计划安排、组织实施和考试考务等日常工作。各职能部门要主动了解掌握领导干部学法用法工作情况，加强调查研究，不断总结经验，定期向党政领导和上级主管部门汇报。要充分发挥各级党校、行政学院、干校等培训基地的作用，积极开展对领导干部的法制宣传教育。同时，要加强领导干部学法师资培训，继续建立健全各级普法讲师团。要加强检查监督，积极探索建立监督制约和激励机制，调动领导干部学法用法的主动性和自觉性。适时组织有关部门检查或抽查，加强对领导干部学法用法的监督。

严格遵从公务员行为规范

公务员坚持依法行政，提高依法行政的能力，一个重要的前提就是认真履行公务员的义务，正确行使公务员的权利。为促进公务员依法行政，2002 年 2 月，国家人事部颁布了国家公务员行为规范，共有 8 条、32 个字。具体内容如下：

第一，政治坚定。努力学习马列主义基本原理，树立共产主义理想信念，坚持党的基本理论、基本路线和基本纲领，坚定地走建设有中国特色的社会主义道路，坚定不移地贯彻执行党和国家的路线、方针、政策，在思想上、政治上和行动上与党中央保持高度一致。

公务员的工作不论多么具体与烦琐，都是涉及人民群众公共利益和社会管理与服务的工作，因而都具有很强的政治性和政策性，这就使政治坚定成了公务员必须做到的一项基本的行为规范。当前，公务员做到政治坚定，最根本的就是牢固树立和践行社会主义核心价值体系。

一要坚持马克思主义在意识形态的指导地位，坚决反对指导思想的多元化。思想理论上的成熟是政治上成熟和坚定的基础。当前，思想文化的多样化发展，既是一种趋势，也有很大的优势。但决不能以多样化为借口，否定马克思主义在意识形态的指导地位，更不能搞指导思想的多元化。多元化的危害是造成思想理论的混乱，进而造成政治上的混乱，这是颠覆党的执政地位，颠覆社会主义国家性质的第一步，也是最基础、最根本的一步。苏联就是由此开始酿成党垮台、国解体的历史性灾难的。现在我们国家里，思想理论界也有许多激烈的争辩性问题。中央之所以在前一段时期提出广大党员干部要“自觉划清四个重大是非界限”，即马克思主义与反马克思主义的界限，以公有制为主体多种所有制经济共同发展与私有化和单一公有制的界限，中国特色社会主义民主与西方资本主义民主的界限，社会主义思想文化同封建主义、资本主义腐朽思想文化的界限，就是为了使全党在理论上保持清醒，为政治奠定思想理论基础。

二要坚定共产主义远大理想和中国特色社会主义共同理想。实现共产主义是党的最高理想和最终奋斗目标，建设中国特色社会主义是当代中国共产党人和全国各族人民的共同理想，是中国人民在长期的历史选择中的正确选择。只有把远大理想与共同理想有机结合于实践之中，才能使当前的奋斗有光明的愿景，使光明的愿景有现实的希望。有些党员干部之所以共产主义理想信念不坚定，甚至由于理想信念这根精神支柱的坍塌而走上违法犯罪的不归之路，就是在二者的结合上没有做好。不论远大理想还是共同理想，都需要党员干部的实干才能实现。

三要弘扬中华民族的优良传统，锻造改革创新的时代精神。中华民族拥有5000年的文明历史，曾经在古代的很长时期中走在世界前面，创造了灿烂的古代文明，形成了具有永恒生命力的优良的民族传统，其中爱国主义是核心。我们党是中国的执政党，爱国是执好政的基础。为了爱国就要坚持以自强不息、团结奋斗、艰苦创业、热爱和平。这样的民族精神与我们党的党性和政府的性质是完全相通的。我们要坚决批判当前较为流行的民族虚无主义、否定革命等错误思潮。今天的时代是改革创新的时代，改革创新是发展的不竭动力和源泉，我们要培育改革创新的时代精神，保持和发展共产党的特有党性，在新的时代、新的实践中把共产党人的党性不断提高到新的水平。

四要践行“八荣八耻”，弘扬社会主义荣辱观。荣辱观属道德层面的问题，而道德是每个人的为人之基，更是广大公务员的安身立命之本。因此，广大公务员一定要知荣辱、知廉耻，用社会主义道德，用共产党人的党性，用人民政府的人民性来约束和规范自己的行为，更好地做到依法执政。

第二，忠于国家。热爱祖国，忠于宪法，维护国家安全、荣誉和利益，维护国家统一和民族团结，维护政府形象和权威，保证政令畅通。遵守外事纪律，维护国格、人格尊严，严守国家秘密，同一切危害国家利益的言行作斗争。

邓小平曾经说过：中国人民有自己的民族自尊心和自豪感，以热爱祖国贡献全部力量建设社会主义祖国为最大光荣，以损害社会主义祖国利益、尊严和荣誉为最大耻辱。纵观5000年文明历史，有许多为祖国抛头颅、洒热血的仁人志士。虽然他们都经历了艰难困苦，甚至献出了自己的生命，但他们的爱国精神永存！他们的爱国业绩永存！他们的爱国英名永存！纵观5000年文明历史，也有不少为了个人的蝇营私利而卖国求荣的无耻之徒。尽管他们曾经一时荣华富贵，趾高气扬，但他们最终将被钉在历史的耻辱柱上，落得千古骂名，遗臭万年。广大公务员必须进一步增强心中的祖国意识，全面了解认识祖国的历史和现状，了解她几千年来创造的灿烂文化和遭受的屈辱苦难，同时也了解祖国今天新的发展，不仅从思想感情上更加热爱自己的祖国，而且在实际行动上对祖国担负起更多的责任和义务，把对祖国的深厚感情化为建设祖国、报效祖国的强大精神动力。必须增强民族自尊心、自信心，大力弘扬民族精神，在自己的工作和生活中，时时处处以维护国家利益、国家尊严为最大的光荣，以损害国家利益、国家尊严为最大耻辱，为建设中国特色的社会主义强国而作出自己应有的贡献。

第三，勤政为民。忠于职守，爱岗敬业，勤奋工作，钻研业务，甘于奉献。一切从人民利益出发，热爱人民，忠于人民，全心全意为人民服务，密切联系群众，关心群众疾苦，维护群众合法权益，体察民情，了解民意，集中民智，珍惜民力，力戒形式主义、官僚主义，改进工作作风，讲求工作方法，注重工作效率，提高工作质量。自觉做人民公仆，让人民满意。

勤政为民，是我国人民政府的本质特征和突出特点。新中国成立六十多年来，我国政府坚持全心全意为人民服务的宗旨，忠实地为人民谋利益，同人民群众建立了血肉相连、鱼水相依的关系。历史的经验说明，中国共产党领导下的中国政府及其广大政府工作人员，是一个全心全意为人民服务的集体，是中国人民利益的忠实代表。今天，我国的发展成就举世瞩目。2009年我国GDP总量已经超过日本，成为仅次于美国的第二经济大国，但这并不表明我们已经是经济强国，并不表明今后我国的发展任务可以有任何的减轻。温家宝总理在2010年3月全国“两会”答中外记者问时讲到：我们应当对自己有正确的认识，发展成就要看到，但更要看到由于城乡不平衡、地区不平衡、再加上人口多、底子薄，我们确实还处于发展的初级阶段。上海和北京的发展，不能代表整个中国，我们要实现小康目标还需要做出艰苦努力；要建成一个中等发达国家至少要到本世纪中期；要真正实现现代化，还要上百年时间以至更长。特别是从当前来看，实现发展并不是轻而易举的事情，因为国际方面，世界经济形势不太好，政治形势很复杂；国内方面，经济发展动力不太强，“三驾马车”之一的出口减弱，投资与消费的矛盾加剧。因此，在新的历史时期，面对改革开放、发展社会主义市场经济的新形势和当前风云变幻的国际环境，使我们的党和政府面临着严峻的考验，更需要通过广大公务员模范地践行全心全意为人民服务的宗旨，勤政为民，进一步密切党群干群关系，带领广大人民群众把我们的国家建设成为富强、民主、文明、和谐的社会主义现代化国家。

第四，依法行政。遵守国家法律、法规和规章，按照规定的职责权限和工作程序履行职责、执行公务，依法办事，严格执法，公正执法，文明执法，不滥用权力，不以权代法，做学法、守法、用法和维护法律、法规尊严的模范。

国家法律是全国各族人民意志的集中体现。依法行政的“依法”，即依照国家的宪法和法律。依法行政的“行政”，是要求每一位公务员都必须按照我国现行法律的规定和要求从事行政工作。依法行政，首先是遵守宪法法律，其次是要遵守国家的行政法规和地区性法规，最后也包含遵守本行业、本部门、本单位的劳动纪律、技术规范和规章制度，等等。

公务员坚持依法行政，必须有较强的法律意识、规则意识、法制观念；必须忠实遵守宪法、法律和法规，按照法定的职责权限和程序履行职责、执行公务；准确运用与工作相关的法律、法规和有关政策；必须依法办事，准确执法，公正执法，文明执法，不以权代法；必须敢于同违法行为作斗争，维护宪法、法律尊严。

公务员坚持依法行政，是全面推进依法行政、建设法治政府的需要。改革开放以来，我国的行政法治建设取得了很大成绩，各级行政机关及其公务员的依法行政观念有所增强，依法行政能力有所提高。但是也应看到，当前的依法行政工作还存在不少问题，特别是公务员依法行政的观念和依法行政能力仍然是影响政府机关依法行政水平的制约因素。这就要求对公务员特别是行政机关的领导干部长期不懈地进行教育和培训，增强公务员法制观念，树立依法行政的正确态度，提高依法行政的水平。

公务员坚持依法行政，是公务员能力建设的主题。公务员担负着改革开放和现代化建设的规划、组织和实施的重要责任，新形势和新任务对公务员能力建设提出多方面的要求。公务员不仅要有较高的政治和业务素质，还要有较高的法律素质，无论是进行决策还是实施管理，都必须按照法律法规行使权力，合法有效地运用权力。特别是随着改革开放的深入发展和市场经济的不断完善，公民法治意识的增强，法律已经成为国家政治生活、社会生活和公务活动的重要内容，依法行政已经成为政府工作的主要任务之一。

公务员坚持依法行政，是执政为民的要求。坚持执政为民，其中很重要一点是要建立一支高素质的公务员队伍。高素质首先是政治上高素质，就是要端正对最广大人民的正确态度。在我国，人民是国家和社会的主人，政府是人民的政府。公务员本质上是人民的公仆，公务员手中的权力本质上是属于人民的，这就决定了广大公务员必须正确对待和行使手中的权力，坚持依法行政，才能做到用权为民。

第五，务实创新。解放思想，实事求是，理论联系实际，说实话，报实情，办实事，求实效，踏实肯干。勤于思考，勇于创新，与时俱进，锐意进取，大胆开拓，创造性地开展工作。

务实创新，是辩证唯物主义和历史唯物主义一以贯之的科学精神，是我们党的思想路线的核心内容，是政府工作健康发展和全面推进的重要前提，也是广大党员及公务员应该具备的政治品格。适应时代发展的新要求，广大公务员要做好工作，坚持在依法行政实践中做到务实创新，就必须不断学习、善于学习，努力掌握和运用一切科学的新思想、新知识、新经验，才能始终走在时代前列，开创行政工作的新局面。从当前一些公务员的实际情况来看，要加强学习，就必须减少应酬，努力做到“少端酒杯多读书”。元代文人蔡祖康在《嫩园殇政》中就曾说：“居官者必不可嗜酒，嗜酒者必不可为官。”这句话虽然说得过于绝对，但不能把时间浪费在酒桌上、酒杯里，是值得今日的为官者们深思和借鉴的。因为现实生活中，有少数领导干部缺乏知识却又满足于现状，缺乏理论却又轻视理论，整天心浮气躁，沉湎于各种应酬之中，虽然酒量提升了，但是知识贫乏了，法治淡忘了，工作能力下降了，甚至有的走上了违纪违法犯罪的道路。古往今来，贪杯误事甚至亡身者，大有人在。这就提醒我们的领导干部要敢于拿出自己的魄力和胆识，少一些不必要的应酬，这样，端酒杯的机会自然会少。广大公务员不仅要树立“学而优则仕”的观念，还要树立“仕而学则优”的思想。通过坚持不懈地学习，为自己在工作中依法行政、务实创新奠定知识基础。

当然，我们所说的学习，不是死学、学死，而是要坚持理论与实际相结合的马克思主义学风，这是公务员做到务实创新的重要基础。因此，务实就必须深入实际，调查研究，实事求是，抓住本质，发现规律性；创新，就必须解放思想，与时俱进，大胆开拓，永不懈怠。

第六，清正廉洁。克己奉公，秉公办事，遵守纪律，不徇私情，不以权谋私，不贪赃枉法。淡泊名利，艰苦奋斗，勤俭节约，爱惜国家资财，反对拜金主义、享乐主义。

当前，我国的经济社会正在快速发展，人民生活水平提高了，各方面条件改善了，这是党领导全国各族干部群众齐心协力、艰苦奋斗的结果。随着物质的丰裕和条件的改善，在一些公务活动和社会生活中，不讲节俭、铺张浪费的现象有所抬头，甚至有些领导干部利用手中掌握的权力，为自己谋取私利，大搞腐败行为，为政不廉。对这种现象，大家都感到忧心。尤其是对有的领导干部花钱大手大脚，做事讲究排场，生活追求奢华等现象，人民群众很有意见。在这种情况下，突出强调广大公务员特别是各级领导干部进一步做到清正廉洁，增强节俭意识，始终发扬艰苦奋斗精神，是一个重要而紧迫的问题。

成由俭，败于奢，这是一条深刻的历史经验。领导干部清正廉洁是做到由俭而成，防止由奢而败的关键。现在，虽然我们的国家经济实力比过去强大了，人民群众的日子比过去好多了。但我国仍处于并将长期处于社会主义初级阶段，人口多底子薄，人均资源少，生产力不发达，这是基本国情。我国还是发展中国家，全体人民的生活还不富裕，国家建设需要办的事情还很多。我们必须胸怀大局，保持清醒，在各项工作中始终贯彻勤俭节约的原则，始终发扬清正廉洁、艰苦奋斗的作风。

对于各级干部来说，清正廉洁、艰苦奋斗，很重要的是科学决策、正确决策，用好钱财、珍惜民力。国家的财政收入源于人民的辛勤劳动，一分一毫当思来之不易，取之于民理应用之于民。领导干部在履行职务、行使权力的过程中，一定要坚持厉行节约，精打细算，严格把关，少花钱多办事，把有限的资金资源、财力人力用在刀刃上。特别是从目前来看，有些工程、项目动辄就是几百万元、几千万元的大工程、大项目，如果决策失误，就会给人民财产和国家利益造成不可弥补的巨大损失。在这方面我们已经有过不少沉痛的教训。因此，一定要坚持科学决策、民主决策、依法决策；坚持求真务实、讲求实效，不搞虚荣作秀的“形象工程”，不搞劳民伤财的“政绩工程”；坚持廉洁奉公、权为民用，决不能滥用职权奢侈浪费。那种拿公家的钱不当钱，想怎么花就怎么花，不花白不花的行为是腐败行为；那种行则前呼后拥，出则车水马龙，动辄挥霍公款的现象是可耻现象。这种行为或现象发展到一定程度，就是违法犯罪，就会受到法律的惩处。

领导干部要做到清正廉洁、艰苦奋斗，还要正确处理四个关系：一是正确处理个人利益与集体利益的关系。要充分认识到，集体利益是个人利益的依托和基础，只有更注重集体利益，人们的个人利益才能最好的得到实现，个人的聪明才智才能得到最好的发挥和展示。所以，每个人都要坚持个人利益服从集体利益。二是正确处理权力与责任的关系。从根本上说，权力就是责任，有一份权力就有一份责任；权力越大，职务越高，责任也就越大。权力要对谁负责任，要对赋予其权力的人负责任。在我们社会主义中国，一切权力属于人民。公务员手中的权力是人民赋予的，由此决定了干部必须对人民负责，为人民办事。三是正确处理自律与他律的关系。充分发挥自律与他律相得益彰、优势互补的作用。一方面加强自我修养，另一方面自觉接受党内外监督，保证把人民的权力用于为人民服务。四是正确处理工作内与工作外的关系。工作时间上有“八小时”之说，但对自身的要求绝对没有八小时内外之别。无论何时何地，都应该做到洁身自好。在“工作圈”中，上下级之间、同志之间建立起正常的工作关系，不能搞哥儿们义气、团团伙伙等市侩关系和违背党的纪律要求的其他关系，防止工作关系庸俗化；在“家庭圈”中，不仅要管好自己，还应管好自己的配偶、子女等家庭成员，树立良好的家风；在“朋友圈”中，既要广交朋友，又要慎交朋友，特别不能交那些想借用干部手中的权力来满足他们的私欲的朋友。

第七，团结协作。坚持民主集中制，不独断专行，不搞自由主义。认真执行上级的决定和命令，服从大局，相互配合，相互支持，团结一致，勇于开展批评与自我批评，齐心协力做好工作。

伟大的事业需要伟大的团结。越是在事业发展的关键时期，越是要巩固和加强这种大团结，为经济建设创造良好的社会政治环境和主体力量。特别是随着时代的进步和科学的发展，社会分工越来越细致，各种分工之间的联系越来越紧密，公务员之间的相互协作也越来越提到了更高的位置上。可以说任何一个公务员，无论个人的学识多么丰厚、经验多么丰富、阅历多么宽广，能力多么高强，仅靠个人单枪匹马地做好行政工作，是绝对不可能的。离开了其他同志的合作，是任何事情都做不成的。因此，广大公务员都必须在团结合作方面进行修炼。

要把团结合作作为一种必备素质来培养。公务员的素质包括许多方面，善于团结合作就是其中的一个重要方面。公务员应时时处处以党的事业为重，以工作大局为重；应有宽广的胸怀，有护人之心、容人之量，积极培养容人容事、不计恩怨的雅量，相互谅解、坦诚相见的气度，闻过则喜、从谏如流的胸襟；应正确对待名、权、位，淡泊明志，正确对待自己，正确对待同志，正确对待组织，坚持大事讲党性、讲原则，小事讲友谊、讲风格，胸怀坦荡，光明磊落。

要把团结合作作为一种崇高境界来提升。团结共事的能力，源于共同的理想和追求，源于对党的事业高度负责的精神。对公务员来说，团结是美德、是责任，更是一种境界。要达到善于团结的境界，就必须坚持以党的事业为重。唯有如此，才能在实际工作中坚持党性、坚持原则、坚持真理，正确行使权力，用公道、公正和公平来团结人，形成团结的氛围，汇成团结的力量。

要把团结合作作为一种必需能力来强化。团结合作是增强凝聚力、战斗力、创造力的保证。搞好团结合作，要求公务员特别是领导干部的觉悟应更高一些、心胸更开阔一些、律己更严一些，带头执行民主集中制原则，带头虚心听取不同意见。为了增强团结合作，在广大公务员之间还应该经常开展积极的思想交流，开展批评与自我批评，统一思想、消除误会、化解矛盾，增强相互间的了解和信任。

要把团结合作落脚在推动工作上。强调公务员要珍视团结，加强合作，不是空洞的口号，而是要落实到善于与人合作共事、推进各项工作健康发展的实际行动上。既要善于与班子内、组织内的同事合作，也要善于与群众合作；既要善于与有共同利益的人合作，又要善于与竞争对手合作；既要善于国内合作，也要善于国际合作。在合作中促进团结，推进事业。

必须明确公务员之间的团结合作，不是无原则的一团和气，而是要建立在民主集中制的原则基础上。民主集中制是党和国家的根本组织制度，是正确处理党内各种矛盾关系、实现党的团结统一的根本准则，是实现党和政府正确领导的重要保障。因此，广大公务员要在依法行政的实践中，增强民主集中制观念，一方面要充分发扬民主，特别是在涉及有关方针政策的重大问题的决策，要注重倾听民意，采纳民意；对一些技术性较强的事项的决策，要注重专家咨询；对有关广大群众切身利益的实际问题，要采取听证会、发布会等形式，提高决策的透明度和公开性，增强民意在决策中的作用。另一方面要强化集中，顾全大局，对已经形成的决策必须坚决地贯彻执行，对中央的指示必须坚决地照办，切实维护中央权威，与中央在思想上政治上和行动上保持高度一致。

第八，品行端正。坚持真理，修正错误，崇尚科学，破除迷信。学习先进，助人为乐，谦虚谨慎，言行一致，忠诚守信，健康向上。模范遵守社会公德，举止端庄，仪表整洁，语言文明，讲普通话。

品行问题，属于作风的一个重要方面。公务员的作风不是小事，它反映一个公务员的精神追求和价值取向，反映着一个公务员的世界观、人生观和价值观。保管员是人民政府的工作人员，应该是把为人民服务作为自己最高的精神追求。但也必须看到，改革开放以来，在公务员队伍中，确实存在着拜金主义、享乐主义和极端个人主义倾向，一些党员干部思想上贪图安逸，追求享乐，互相攀比；一些党员干部工作上高高在上，养尊处优，回避困难；一些党员干部好讲排场，图阔气，铺张浪费，奢侈腐化；更有的党员干部操守不严、品行不端、生活糜烂，道德败坏，连做人的底线都丧失殆尽，更是与为官的官德背道而驰。对公务员的作风状况要有清醒的全面的估计，看不到主流，悲观失望，是错误的；看不到问题的严重性，丧失警惕，不下大气力加紧解决，是危险的。历史和现实一再告诉我们，一个统治集团或一个政府，如果不注重作风建设，听任不正之风侵蚀党的肌体，就会损害党群关系和干群关系，甚至失去民心；如果一个公务员不注重作风建设和品德修养，就会腐化堕落，愚昧颓废，走上违纪违法之路。

需要强调的是，公务员的品行修养是一项长期的甚至是终生的重大任务。也就是说公务员要想有高尚的道德品行，只能通过坚持不懈的修炼，才能使自己的道德水准不断得到营养而提升。因此，品行修养必须做到时时、事事、终身、一辈子。鉴于公务员的岗位职责所决定，其品行修养最主要的是以为人民服务为核心。就是坚持人民的利益高于一切，自觉维护人民的利益，一切从人民的利益出发，为人民的利益而奋斗。有人认为这样的要求太高了、做不到，其实，为人民服务可以通过不同层次、不同形式表现出来，对于不同层次的人们应该有不同的要求。毫不利己、专门利人、无私奉献是为人民服务；顾全大局、先公后私、爱岗敬业、办事公道是为人民服务；同志间、师生间、同学间互相关心、互相爱护、互相帮助是为人民服务；遵纪守法、诚实劳动并获取正当的个人利益，同样也是为人民服务。因此，作为公务员，加强自身的品行修养，坚持依法行政，坚持按原则、按规律、按程序办事，学习先进榜样、纠正自身不足，谦虚谨慎、言行一致、忠诚守信，举止端庄、仪表整洁、语言文明，努力做好自己的本职工作，就是最好地履行为人民服务的宗旨，就是一个品行高尚的人。

依法行政而不能依权行政

2004 年，在国务院颁布的《全面推进依法行政实施纲要》中宣布，用 10 年时间建成法治政府的目标。当时，有些人可能认为，10 年建成法治政府，这只是官方作出的一个许诺。但有了这个许诺，就使政府建设有了使命，有了责任，就为政府建设提供了机遇。因此，政府机关的每一位公务员，都要用一言一行，参与并推动法治政府的进程。这就是要在处理公务的实践中，依法行政而不能依权行政。

长期以来，政府不仅操纵着几乎所有的政治经济活动，还通过单位和户籍制度实现了对城乡居民的全面控制。对中国百姓来说，政府的权力无所不在，因为从工作到生活，从收入到消费，都需要政府或隶属于政府的单位来过问，政府本身却很少受法律限制。这样就使政府在行政工作中主要是利用手中掌握的行政权力来发号施令，而不是依据法律来处理政务和社会事务，因而人们把“行政”与“命令”这两个概念合二为一，成为“行政命令”。如果说这种行政方式在高度集中的计划经济体制下、在群众的法制意识薄弱的情况下还可以行得通的话，那么，在一个建设法治国家、法治政府的条件下就不行了。这就迫使公务员必须从偏于权力行政向依法行政转换。

1989 年，中国出台《行政诉讼法》，首次规定百姓可以“民告官”。“民告官”，体现的是普通公民法制观念的增强和平等意识的觉醒。但是对于法治政府建设来说，只有“民告官”是很不够的，因为它所反映的是政府没有依法行政，所以才带来了“民告官”的后果，因而“民告官”虽然在一定程度上可以促使公务员依法行政，但它不能成为依法行政、法治政府建设的核心和要点。

那么，依法行政、法治政府建设的关键的要点是什么呢？主要应当有两个方面。一是政府及其公务员自觉按照法律精神规范自己的行政行为。这一点是应当做到而且能够做到的。一般说来，法律，本质上是社会公约，反映的是社会公意、人民意志；政府，本质上是社会公仆，代理的是社会公益、人民利益。政府必须服从社会公约法律，必须顺应社会公益和人民意志，而不能将自己的意志凌驾于人民意志之上，即政府是社会公约的缔约一方，并非社会公约之上的权威，其义务履行与权力运用的边界和程序必须由法律规定，也就是必须依法行政。二是当政府所代表的社会利益与一些民众的个人利益发生矛盾时，政府能主动地靠法律而不是靠权力来加以解决。比如“官告民”就是一种很好的方法。“官告民”与“民告官”一样，都是法治精神的体现，都能促使政府及其公务员依法行政。如早在十几年前，某市一片 20 亩的果树林的土地已经被政府统征完毕，进行城市道路建设。只因当时的居委会负责人对已经签署的补偿协议不满意，阻碍施工。在多次协商未果的情况下，国土部门表示将采用法律手段解决纠纷。这意味着政府部门面对行政管理相对人不执行行政决定的情形，并没有动用强制执行手段，而是作为原告把相对人告上法庭，也就是通常人们所说的“官告民”。“官告民”的意义，就在于此举体现了政府部门的法治精神。我们讲老百姓要学法、懂法、用法，学会通过法律手段维护自己的合法权益。其实，对于政府部门来说，除了运用行政手段外，也要学会运用法律手段进行公共事务管理。

法治建设应该从政府部门做起，法治政府建设更应当从政府部门做起。行政机关采用法律手段解决纠纷，能在更大程度上保护原被告双方的合法权益。因为，采用法律手段解决纠纷的本质，就是要通过对行政行为的司法审查以增强行政行为的合法性。“官告民”模式下的法律解决纠纷手段，其独特之处就在于行政部门作为原告一方，官与民能够平等地对簿法庭。孰是孰非，不是由政府说了算而是由法律说了算；谁输谁赢，不是由政府来判而是由法官根据法律来断个明白。倘若是“民”输了理，你可以不服“官”，但你总得服从法律；若是“官”输了理，你就不能倚仗权势，而必须服从法律。

因此，如果说平常意义上的“民告官”，体现的是普通公民法制观念的增强和平等意识的觉醒，那么行政机关采用法律手段解决纠纷，则不仅体现了政府部门的法治精神和平等意识，更体现了行政机关对法律的敬畏，以及对公民权益和人格的尊重。

政府应当发扬“自我革命”精神

对长期在政治、经济生活中扮演“全能角色”的中国政府来说，建设法治政府，提高依法行政能力，无异于是在政府内部进行一场自我革命。因为依法行政，意味着政府某种权力的被限制甚至是被剥夺，而权力又总是同利益密切联系在一起的。一般说来，利益是人们追求的终极目标。因此，与政府权力的被限制、被剥夺相联系，实质上就是政府利益的减少。于是，没有“自我革命”的精神，法治政府建设、公务员的依法行政能力的提高，就会成为一句空话。因此，全面建设法治政府，提高公务员依法行政能力，需解决如下一些问题。

一是进一步扩大行政民主的参与范围和程度。行政机关实际上享有的职权，包含行政立法权、政策制定权和范围广泛的行政裁量权。法治政府，除其应当保持较高的行政效率外，还应当包括更大范围的民主参与和民主决策。因为法治与民主不可分割。法就是人民意志，依法行政就是要依人民的意志行政，就是要通过行政过程为人民谋利益。而人民的利益是什么，如何为人民谋利益，不能由政府来代替人民来作决定，而应当由人民自己做主。只有充分发扬民主，扩大政府行政中的民主意愿，实行民主决策，才是最高的依法行政要求和境界。为此，政府要进一步公开行政信息，除了法律规定不予公开的国家机密、个人隐私和商业秘密外，其他政府信息，应当一律公开。信息公开的最终目的，就是使人民参与行政决策。当然，人民参与行政决策，不仅需要做到特别是做好信息公开工作，还需要从制度上保障人民能够参与行政决策，建立一套人民群众能够参与决策的意见和建议搜集、分析和必要时给予回应的机制和程序。

二是消除政府部门利益合法化。从理论上讲，政府是人民政府，从事的是公共管理和服务，运用的是人民群众赋予的公共权力，因此，政府及其工作部门不应当有自己的特殊利益，而只能服从和服务于公共利益。但在实践中，有些政府部门利益多多，其可以靠着手中掌握的公共权力，在履行公务的同时为本部门带来私利，甚至有的为了部门利益而损害公共利益。于是有些部门的“小金库”成了本部门公务员在法律和政策之外获得福利的源泉，这又进一步成为“执法不严”、“违法不究”的最终原因。因此，多年来我们在立法和制定规范性文件方面已经取得了很大的成绩，在很大程度上已经解决了“无法可依”的问题。但是，正如老百姓所讲的，现时的中国缺的不是法律，而是法治。这也是我们为什么倡导行政部门应当与服务挂钩，与利益脱钩的初衷。为解决这个问题，就必须进一步改革立法机制，从根本上取消行政部门利益合法化的制度基础。

三是保持行政监督的独立性。行政监督部门，如果没有适当独立的监督权，就不可能有权威的监督，结果也就不可能有效，这是监督行政的根本性问题。在政府部门和权力中，行政监督部门和监督权力应当适当地分离和独立，形成权中之权或权外之权。这种机制设计是保障监督权权威性和有效性的前提，也是各国监督制度实践反复证明了的有效之举。

在现代法治国家，依法行政是政府行使权力时普遍遵行的基本准则，政府的一切权力来源、政府的运行和政府的行为都受制于法律。也即是说，权源于法，法高于权。政府行政领域必须全面引入法治观念，实现从法律仅仅治民、治事向法律首先治官、治权转变。各级国家行政机关及其公职人员必须按照法定权限和程序行使权力、履行职责，依法处理经济社会事务，并加强行政监督，严格实行执法过错追究制。

第六章

自作尚需要自受

——行政违法与行政责任

何为行政违法

行政违法，是指行政法律关系主体违反行政法律规范，侵害受法律保护的行政关系，对社会造成一定程度的危害，尚未构成犯罪的行为。行政法律关系主体包括行政主体和行政相对方。因此，行政违法包括行政主体的违法和行政相对方的违法。

受20世纪50年代苏联有关行政违法观念的影响，我国传统行政法理论认为，行政违法仅指行政相对方违反行政法律规范并适用相应处罚措施的行为，行政机关及其公务员不能成为行政违法的主体。随着改革开放后行政法制建设的发展和行政法学研究的进一步深入，人们认识到该观点缺乏科学性，开始探索新的行政违法概念。有人认为，由于公民、法人或其他组织违法后受到的制裁与行政机关及其公务员违法后所受到的制裁不同，因而公民、法人或其他组织的违法不宜包括在行政违法概念的范围之内。因此，根据中国的语言习惯，行政违法是指行政主体（行政机关及其公务员）违反行政法律规范的行为。与民事违法、刑事违法和违纪行为等相比较，行政违法具有如下特征：

一是行政违法的主体是行政法律关系主体。行政违法的主体首先必须处于行政法律关系之中，也就是说，某种违法行为，只有其主体以行政主体或行政相对方的资格出现时，才有可能构成行政违法。换言之，不是行政法律关系主体，其行为就不能构成行政违法。

二是行政违法是违反行政法律规范，侵害法律保护的行政关系的行为。任何违法，均是对一定法律规范的违反。因此，行政违法首先是对法律规范的违反，而不是单纯的违纪行为。违反党纪、团纪以及社会团体章程的行为一般不构成违法。当然，随着法制建设的不断深入，某些纪律规范上升为法律规范时，违反该部分纪律规范的违纪行为同时将构成违法行为。其次，行政违法既不是违反民事法律规范，也不是违反刑事法律规范，而是违反行政法律规范，从而侵害了行政法律规范所调整和保护的行政关系。违反民事等其他法律规范，侵害法律保护的其他关系的行为，不能构成行政违法。交叉违反不同法律规范的则另当别论。

三是行政违法是一种尚未构成犯罪的行为。行政违法与犯罪，都是对社会有害的行为，侵犯了受法律保护的行政关系。但是，二者既有质的区别又有量上的联系和不同。质的区别表现为二者由不同的法律规范（刑事法律规范和行政法律规范）调整，依法被追究不同的法律责任（刑事责任和行政责任）。其量上的联系与不同表现为：行政违法比犯罪对社会危害的程度轻微。只有后果严重，对社会的危害程度大的行政违法，才属犯罪。也就是说，只有“情节严重的”违法才构成犯罪。因此，社会危害程度的大小、轻重，成为划分犯罪与违法的基准。某种违法一旦上升为犯罪，就不再由行政法律规范调整，而归刑事法律规范调整。

四是行政违法的法律后果是承担行政责任。现代国家行政法治的原理要求“有法必依，违法必究”，即违反行政法律规范，不履行法定义务或不依法履行义务，构成行政违法的任何人、任何组织，都必须接受国家的法律制裁，绝不容许游离于法律之外。

行政违法的构成要件

行政违法的构成要件，是指行政法律规范所规定的，构成行政违法所必须具备的条件。研究行政违法的构成要件，对于正确认定行政违法行为，正确确认和追究行政责任，具有重要的理论意义和实践意义。

一是行为主体必须是行政法律关系主体。行政法律关系主体，是行政违法的重要构成要件之一。如前所述，只有行政法律关系主体的行为才有可能构成行政违法，不是行政法律关系主体的行为不可能构成行政违法。显然，行为人具备行政法律关系主体资格，是行政违法的前提，是构成行政违法的首要条件。

二是行政法律关系主体具有相关的法定义务。行政法律关系的内容主要体现在对各主体的权利（权力）、义务（职责）的规定。行政违法是对法定的作为义务和不作为义务的违反。因此，违反相关的法定义务，是构成行政违法的重要条件之一。

行政主体依法享有行政管理的权力，同时负有必须履行义务的职责。然而，不同的行政主体的具体义务并不相同。特定的法规所规定的义务，一般要求特定的行政机关及其公务员或公民履行。某一机关及其公务员所负有的义务，并不一定适用于其他机关及其公务员。纳税是公民的光荣义务，但并非每一个公民都负有纳税的义务，纳税义务是法定的。所以，要确定行政法律关系主体的某种行为是否构成行政违法，必须首先确认其是否具有相关的法定义务。

三是行政法律关系主体具有不履行法定义务的行为。行政法律关系主体享有行政法上的权利（权力），同时负有行政法上的义务（职责）。仅有法定的义务，行政违法还只是一种可能性，只有当行政法律关系主体没有履行或者未依法履行相关的义务时，才能构成行政违法。没有不履行法定义务的行为，就不存在行政违法的问题，不可能构成行政违法。也就是说，行政违法必须有行为的存在，仅仅是思想意识活动不构成行政违法。并且，这种行为是违反行政法律规范的，不履行法定义务的作为或不作为，它侵害了法律保护的行政关系，对社会具有一定的危害性。

四是行政违法的主观要件。根据法学原理，行为人在主观上有过错，是构成违法的要件之一。所谓主观过错，是指行为人实施行为时的一种心理状态，包括故意和过失两种形式。这一原理应该说也适用于行政违法行为。但是，由于行政违法一般都是比较轻微的违法行为，加上行政法注重行政效率原则，因此一般只要行为人实施了违法行为就视其为主观有过错，不必再深究其主观因素了，法律另有规定的除外。但行政主体对其公务员的违法行为则要考虑其是否有主观过错，因为这涉及是否要追偿的问题。

行政违法的分类

行政管理活动的复杂多样性以及行政违法主体的多样性，决定了行政违法行为的多样性。研究行政违法的分类，归纳各类行政违法行为的特征及其法律意义，对于正确、及时地预防和制裁行政违法行为，正确处理行政争议，维持良好的行政管理秩序，具有重要的意义。根据不同的标准，从不同的角度，行政违法可以进行多种分类。

一是行政主体的违法与行政相对方的违法。根据行政法律关系主体的不同，首先可以将行政违法分为行政主体的违法和行政相对方的违法。行政主体的违法和行政相对方的违法所引起的责任在内容和形式上都有所区别，应区别对待。行政主体违反行政法律规范，称为违法行政，与行政相对方的行政违法有区别。违法行政进而又可以细分为国家行政机关的违法行政、公务员的违法行政和被授权组织的违法行政。

国家行政机关的违法行政，由行政机关自身承担行政责任；公务员的违法行政，造成损害的，由其所属行政机关承担赔偿责任，再由该行政机关对有故意或重大过失的公务员行使追偿权；被授权的组织的违法行政，由该组织承担行政责任，由行政机关授权的，授权行政机关应负连带责任；被委托的组织或个人的违法行政，由委托行政机关承担行政责任，再由委托行政机关依据委托关系追究该组织或个人的相关责任。

二是作为行政违法和不作为行政违法。根据方式和状态的不同行政违法又可叫作为行政违法和不作为行政违法。作为行政违法是指行政法律关系主体不履行法律规范或行政行为所规定的不作为义务。不作为行政违法是指行政法律关系主体不履行行政法律规范或行政行为所规定的作为义务。不作为行政违法所造成的社会危害往往并不亚于作为行政违法，而人们对不作为行政违法的重视程度远不如对作为行政违法的重视程度。划分作为行政违法和不作为行政违法，有助于理解和把握二者的性质，有助于克服在立法、执法及思想认识上的偏颇。

三是实质性行政违法和形式性行政违法。根据内容和形式的不同，行政违法可以分为实质性行政违法和形式性行政违法。这主要是针对行政主体而言的。实质性行政违法，又称实体上的行政违法，是指行政主体的行为在内容上违反了行政法律规范的实质性要件，具体表现为：(1) 行为主体不合法；(2) 行为超出了行为主体的法定权限；(3) 意思表示不真实；(4) 行为的内容同行政法律规范所规定的目的、原则和规则相悖。形式性行政违法，又称程序上的行政违法，是指行政主体的行为在形式上违反了行政法律规范的形式性要件，具体表现为：(1) 行为的作出和实施不符合法律规范所规定的程序；(2) 行为的表现形式不符合法律规范所规定的形式。

实质性行政违法所引起的法律后果是依据实体法追究行为主体的惩罚性行政责任，而形式性行政违法所引起的法律后果是依据程序法追究行为主体的补救性行政责任。实质性行政违法往往被撤销，从其发生时即没有法律效力；而形式性行政违法一般经过有效的补救措施，仍能发生法律效力，有些亦可被撤销。

行政不当

行政法上的行政不当也称行政失当，主要指行政主体的不当行为，它是专门针对行政自由裁量权的不合理行使而言的。对相对方来说，则只研究其违法问题，而不对其行为适当与否作出评价。行政主体的行为，不仅必须符合行政法律规范的规定，而且还必须符合理性。不合法的行为属行政违法，不合理的行为构成行政不当。

行政违法与行政不当的划分与羁束行为和裁量行为的划分相联系。行政违法既可以针对羁束行为又可以针对裁量行为，且主要是针对羁束行为而言，行政不当则仅基于裁量行为。从广义上讲，行政不当同样是一种行政违法，因为它违反了行政法对合法性和合理性的基本要求。从狭义上讲，行政不当是以行政合法为前提，与行政违法相并列的一种有瑕疵的行为。为了和前述行政违法相比较，这里采用狭义的行政不当概念。

与行政违法相比较，行政不当具有如下特征：（1）行政不当不构成行政违法，它以合法为前提，是合法幅度内的失当，表现为畸轻畸重，显失公正等。（2）行政不当只基于裁量行为，而行政违法则是针对羁束行为和裁量行为的。（3）行政违法必然引起行政责任，可以引起惩罚性行政责任和补救性行政责任，而行政不当一般只限于补救性行政责任。（4）行政违法一旦被确认，一般可溯及其发生时即无效，而行政不当既可只部分影响其效力，也可全部影响其效力。

行政责任

责任，是一个内涵和外延均非常广泛的概念，在政治学、管理学、行政学和法学等学科领域被经常而广泛地使用。一般说来，责任是指在一定条件下行为主体所应尽的义务或者因违反义务而应承担一定的否定性后果。随着国家法制建设的进展，国家行政管理逐步纳入法制轨道，行政法上的责任追究，必须严格依法进行，不容许有任何恣意妄为。这已成为世界各国依法行政原理的基本内容之一。因此，在行政法中，所谓的责任，是指法律责任，而不是道义责任、政治责任或其他性质的责任。因此，这里的“行政责任”一词，可与“行政法律责任”通用。

行政责任是指行政法律关系主体由于违反行政法律规范或不履行行政法律义务而依法应承担的行政法律后果。行政责任具有如下一些基本特征：

一是行政责任的主体是行政法律关系主体。行政责任主体包括行政主体和行政相对方。行政主体享有行政职权，负有实施行政管理的义务，即作出行政行为并保证其最终实现，是行政主体的行政职责；而行政相对方在享有权利的同时，也必须履行法定的义务。因此，行政责任不仅包括行政主体的法律责任，也包括行政相对方的法律责任。在行政法律关系中，尽管行政主体与行政相对方法律责任的实现方式和范围是不同的，但都不能脱离行政法律规范的调整。行政主体的行为，仅靠政治监督及社会舆论监督以及其他法律途径等的约束是不够的，还必须依赖于并且主要依赖于行政法律规范的制约；而行政相对方的行为，仅靠社会道德以及其他自律性规则的约束也是不够的，还必须靠行政法律规范制约。对于行政主体而言，不依法作出行政行为，不依法实施行政管理，都要承担法律责任；对于行政相对方来说，不履行法定的义务，同样要受到法律的追究。行政法的实质在于规范和调整行政关系，当然在规定行政主体的法律责任的同时，必须明确行政相对方的法律责任。

从行政法律关系所包含的行政权的行使者和行政职责的履行者来看，与行政职权和行政职责密切联系的行政法律责任的承担主体，当然包括行政主体及其公务员。在与行政主体的关系上，公务员基于行政职务关系，负有忠实地执行公务的职责，行政责任当然包括公务员的法律责任。

二是行政责任是基于行政法律关系而发生的。行政法律关系主体应当履行法定职责和义务。行政责任是行政法律关系主体不履行法定职责和义务所引起的法律后果，它是以行政法律义务为基础的，没有行政法律义务，也就没有行政责任。

三是行政责任是一种法律责任。行政责任作为一种法律责任，具有强制性，由有权的国家机关来追究。行政责任是以行政法律规范所规定的职责和义务为基础的，行政法律规范所规定的责任和义务的方式与内容，是追究行政责任的根据。行政责任是对行政违法或行政不当的救济，与犯罪行为及民事违法行为等的法律后果有着不同的责任承担方式。行政责任与其他法律责任不能相互替代。完善行政责任制度，是加强行政法制建设的重要组成部分。

行政责任的构成要件主要有如下方面：一是存在违反行政法律义务的行为。行政法律关系的主体违反行政法律义务，是行政责任产生的前提。不违反法律义务，也就不存在承担相应的法律责任的问题。二是存在承担责任的法律依据。根据现代国家法治行政的原理，不仅要求权利义务的法定，而且要求对有关责任的追究也必须是法定的。因此，不仅行政责任的方式须为法律规范所确认，而且行政责任的内容也必须为法律规范所确认。没有法律规范对责任内容的规定，责任的承担也将成为一个难题。三是主观有过错。从法理学上讲，还是应加上此条件。但实践中，行政领域的违法行为，只要认定下来，就不再过问行为人的主观因素，即可视为主观有过错，法律另有规定的除外，这是行政法的一个特点。

追究行政责任的原则

行政责任的追究，是指有权机关根据法律规定和行政责任的构成要件，按法定程序和方式对行政法律关系主体的行政责任的认定和追究的过程。由于行政活动的积极服务职能所具有的因事制宜等特点，决定了行政自由裁量在现代行政管理活动中的重要性，使得某些不当或不合理行为成为法律不予追究责任的行为。因此，如果对行政责任的追究过于苛刻，就会限制行政机关及其工作人员的积极性，但如果对行政责任追究过于宽大，又会纵容行政违法行为。所以，追究行政责任，既要严格依照法律，又必须坚持科学的原则。

一是责任法定原则。行政法治的原理，不仅要求行政上的义务人要严格按照行政法律规范履行其应履行的义务，而且要求对违反行政法律规范的义务人追究责任，必须依法进行。也就是说，对违反行政法律规范的行为，不追究法律责任不行，追究法律责任不依法进行也不行。责任法定，是指只有法律上的明文规定，才能成为确认和追究违法责任的依据。对违法责任的确认和追究，必须严格依法进行，并严格限制类推适用。只有这样，才有利于有效地防止追究责任的任意性，真正实现法治行政。

二是责任与违法程度相一致原则。责任和违法程度相一致的原则，要求适用于违法责任者的法律责任的种类和形式等必须与违法行为所造成的损害后果以及违法行为的情节和责任能力等相一致，必须根据违法行为的程度适用适当的责任形式，选择适当的强度和方式。追究违法行为的责任，目的在于对受到损害的权益给予适当的补救，惩罚违法行为责任者，以达到教育的目的。如果确认违法责任畸轻，遭受损害的权益就得不到有效的补救，对违法责任者也起不到警戒的作用。反之，如果确认违法责任畸重，同样也不能实现追究法律责任的目的。对补救性的违法责任而言，若让行政主体及其公务员承担过重的责任，则国家将受到损失；若让行政相对方承担过重的责任，则容易导致人民对行政的不信任，影响政府在人民群众心目中的形象。对惩戒性的违法责任而言，若惩罚过重，受惩罚者将会产生抵触情绪，不利于良性循环的行政管理秩序的建立和完善。因此，追究行政责任，必须严格遵守责任和违法程度相一致的原则。

三是补救、惩戒和教育相结合的原则。违法责任的追究，往往表现为对违法责任者的惩罚，其最终目的或者说最重要的目的在于对受损害的权益的补救，以恢复法制社会的正常秩序。但是，仅靠惩罚或科处补救性义务，并不一定能有效地控制和防止行政上的违法行为的发生。一定程度的惩罚是必要的，而惩罚的目的是为了教育并使违法责任者更好地履行职责或义务，最终建立良好的社会法制秩序。所以，在确认和追究违法行政责任时，对责任种类、方式和强度等的选择，都应体现补救、惩罚和教育相结合的原则。

行政责任的免除

在特定情况下，虽然行为人的行为符合行政违法的构成要件，并且在事实上对一定的社会关系形成侵害，但是，因为该行为的实施是为了保护更大的合法权益，所以排除其违法性，免除对行政责任的追究。排除行政违法性的行为主要有以下几种：

一是正当防卫。正当防卫，是为了保护公共利益、本人或他人的人身及其他权利免受正在进行的侵害，而对侵害人实施侵害，以迫使其放弃侵害行为的行为。这种行为在客观上是针对现实的侵害行为进行有效的制止，其结果一般是使侵害人的人身权、财产权受到损害；在行为人的主观上，则是为了保护侵害行为所指向的客体不受侵害。正因为正当防卫是以侵害的方法制止不当侵害的行为，所以其实施必须是针对违法侵害行为，并且是针对正在进行的侵害行为，必须是针对违法行为的实施人作出的未超过必要限度的侵害行为。如果超出了必要限度，就是防卫过当，有失公正。因此，防卫人的行为同样构成行政违法，防卫人应承担行政责任。

二是紧急避险。紧急避险，是行为人保护公共利益、本人或他人的人身及其财产等权利免受正在发生的危险，不得已而采取的侵害法律保护的其他公共利益或他人权益的行为。客观上，行为人损害了一定的合法权益，但保护了更大的合法权益；在主观上，行为人是在衡量权益轻重后，不得已而作出的选择。因此，紧急避险的成立，必须具备以下要件：一是为了使合法权益免受正在发生的危险；二是情况紧急，没有其他途径可供选择；三是损害的合法权益不得超过保护的合法权益。

行政主体承担行政责任的方式

行政主体的行政责任的形式，包括行政机关承担行政责任的方式和公务员承担行政责任的方式。由于行政主体是代表国家参与行政法律关系的，因此，适用于自然人和法人的一般的责任形式，不能完全适用于行政主体。行政主体承担行政责任的具体方式有：

一是通报批评。这是行政主体承担的一种惩戒性违法行政责任，主要是通过名誉上的惩罚，对作出违法或不当行政行为的行政机关及其他行政主体起一种警戒的作用。通报批评通常由权力机关、上级行政机关或行政监察机关以书面形式作出，通过报刊、文件等予以公布。

二是赔礼道歉、承认错误。当行政主体在行政管理过程中由于管理上的违法或不当，损害相对方的合法权益时，理应向相对人赔礼道歉，承认错误。赔礼道歉，承认错误，虽然对受损害者的物质损害没有补益，但能使受损害者在精神上得到安慰，平息激愤的情绪，淳化行政机关的民主作风，维护行政法治的尊严。承担这种责任一般由行政机关的领导和直接责任人员出面，可以采取口头形式，也可以采取书面形式。这是行政主体所承担的一种最轻微的补救性行政责任。

三是恢复名誉、消除影响。当行政主体的违法或不当行政行为造成相对方名誉上的损害，产生不良影响时，一般采取这种精神上的补救性行政责任方式。责任的履行方法取决于相对方名誉受损害的程度和影响的范围。

四是返还权益。当行政主体剥夺相对方的权益属违法行政时，其行政责任的形式一般为返还权益。权益，既包括财产权益，又包括政治权益。

五是恢复原状。当行政主体的违法或不当行为给相对方的财产带来改变其原有状态的损害时，一般由行政机关承担恢复原状的补救性行政责任。

六是停止违法行为。这是行为上的惩戒性行政责任。对于持续性的违法行政行为，如果行政相对方提出控诉时侵害仍在继续，违法行政责任的追究机关有权责令停止违法行政行为。

七是履行职务。这是针对行政主体不履行或拖延履行职务而确立的一种行政责任方式。针对行政主体失职的这种责任形式，既可以由相对方提出申请，也可以由人民法院的判决或上级行政机关的决定予以确立。

八是撤销违法的行政行为。当行政主体的行政行为具有如下情形之一时，行政主体应承担撤销违法行为的行政责任：主要证据不足的；适用法律、法规错误的；违反法定程序的；超越职权的；滥用职权的。撤销违法行为包括撤销已完成的行为和正在进行的行为。

九是纠正不当的行政行为。纠正不当是对行政主体裁量权进行控制的行政责任方式。行政机关对滥用自由裁量权的不当行政行为要负行政责任，纠正不当的行政行为的具体方法是变更不当行政行为。如《行政诉讼法》第 54 条规定，对行政处罚显失公正的，法院可以判决变更。

十是行政赔偿。行政赔偿是一种财产上补救性的违法行政责任。行政主体的违法行为造成相对方财产上的损害，应依法承担行政赔偿责任。

以上承担责任的方式主要适用于行政机关，但由于行政机关的行为都是通过特定的公务员来行使的。因此，违法行政的公务员也必须承担一定的行政责任，其主要有以下几种方式：一是通报批评。这是公务员所承担的惩戒性违法行政责任。由有权机关在会议上或文件上公布。其目的是为了教育有责任的公务员本人，也对其他公务员起到警戒的作用。二是赔偿损失。这是兼有惩罚性和补救性的责任承担方式。公务员赔偿责任的特点，在于公务员并不直接向受害的行政相对方赔偿，而是先由行政机关承担赔偿责任，再根据求偿权向有故意或重大过失的公务员追偿已赔偿的款项的部分或全部。三是行政处分。这是公务员承担违法行政责任的主要形式，是国家行政机关依照行政隶属关系对违法失职的公务员给予的惩戒措施。行政处分具有如下特点：行政处分是国家行政法律规范规定的责任形式，在这一点上，与一般的纪律处分区别开来。纪律处分是组织内部依照组织章程、决议等作出的；行政处分的主体是公务员所在的行政机关、上级主管部门或监察机关；行政处分是一种内部责任形式。行政处分是国家行政机关对其行政系统内部的公务员实施的一种惩戒，不涉及一般行政相对人的权益。

行政赔偿

行政赔偿是继行政复议、行政诉讼制度后出台的一项行政救济制度，它是为了确保行政相对人的合法权益在遭受违法职权行为侵害时获得相应的赔偿，通过它的实施，有利于保护行政相对人的合法权益，也有利于监督行政机关不断提高依法执政水平。

第一，行政赔偿概念的特点。行政赔偿是指国家机关及其工作人员违法行使职权侵犯了公民、法人或其他组织的合法权益并造成损害，由国家承担赔偿责任的一项法律制度。行政赔偿具有以下特征：一是行政赔偿是由行政机关或法律、法规授权的组织的行政行为引发的。行政赔偿是由行政机关及其工作人员在行使行政职权过程中因违法行为给行政相对人造成损害而形成的。引发行政赔偿的主体不仅有行政机关，还包括法律、法规授权的其他组织。他们行使行政职权的行为是引起行政赔偿的前提。二是行政赔偿是由行政机关及其工作人员的职务侵权行为引发的。行政主体在行使职权时因职务侵权，即违法行为对行政相对人的合法权益造成损失才能引起行政赔偿。因此，行政主体的职务侵权行为是引起国家承担赔偿责任的必要条件。三是行政赔偿的责任主体是国家。由于行政主体是代表国家行使行政职权，其违法侵权行为造成的损害无论是由行政主体的行为还是由公务员个人的行为造成的，最终的赔偿责任都由国家来承担，金钱给付由国家财政支出。

第二，行政赔偿与相关概念的区别。

一是行政赔偿与国家赔偿。行政赔偿是国家赔偿的一种形式。国家赔偿包括行政赔偿和刑事赔偿两部分。行政赔偿和国家赔偿是种和属的关系。但是，无论是行政赔偿，还是司法赔偿，都由国家承担最终的赔偿责任，赔偿费用由国家支付。

二是行政赔偿与行政补偿。行政赔偿是国家对行政机关及工作人员违法行使职权造成损害承担的赔偿责任。而行政补偿是国家对行政机关及工作人员的合法行为造成的损失给予的补偿。二者的区别表现为：(1) 引发原因不同。行政赔偿是违法行为引起的，而行政补偿是合法行为（如行政征用等）引起的；(2) 性质不同。行政赔偿是普通的违法行政行为引起的法律责任，而行政补偿是例外的特定民事责任，不具有对国家行政行为的责难；(3) 行政赔偿与行政补偿在适用范围、标准、方式等方面也不同。

三是行政赔偿与民事赔偿。行政赔偿是因行政机关及工作人员行使职权行为引起的国家责任，而民事赔偿是由发生在平等民事法律主体之间的侵权行为引起的民事责任。二者的责任主体、责任性质等均不相同，且适用的赔偿原则、标准和程序也有所不同。但是，并非行政机关及工作人员的所有行为引起的赔偿责任都是行政赔偿。行政机关及工作人员以民事主体身份实施的侵权行为仍属于民事侵权，行政机关对此承担的责任亦是民事赔偿责任。例如，行政机关建房侵占他人用地的行为是民事侵权行为，行政机关须和其他民事主体一样承担民事赔偿责任。

四是行政赔偿与司法赔偿。行政赔偿与司法赔偿同属于国家赔偿的一部分，都是行使职权行为引起的国家责任，其责任性质、赔偿方式和标准是相同的。二者不同之处在于：行政赔偿是行使行政职权引起的赔偿责任，而司法赔偿是行使审判、检察、侦查、监狱管理职权引起的赔偿责任。另外，二者在赔偿义务机关、赔偿范围、赔偿程序等方面也有所区别。

五是行政赔偿与公有公共设施致害赔偿。公有公共设施致害赔偿，是指因公有公共设施的设置、管理、使用有欠缺和瑕疵，造成公民生命、健康、财产损害的，国家负责赔偿的制度。在有些国家，这类赔偿属于国家赔偿的一部分，受国家赔偿法规范。例如，因桥梁年久失修，有人骑车掉进水里摔伤；公共建筑设计失当，倒塌砸伤人等，均由国家予以赔偿。我国国家赔偿法不包括公有公共设施的致害赔偿。行政赔偿与公有公共设施致害赔偿的最大区别是：前者是行使行政权力引起的国家责任，后者是非权力行为引起的国家责任。两种赔偿的归责原则也不同。在我国，公有公共设施致害的，由该设施的经营管理单位或通过保险渠道赔偿。例如，邮政损害由邮政企业赔偿；铁路、航空损害由保险公司赔偿；道路、桥梁致害由负责管理的单位赔偿。

第三，行政赔偿的构成要件。行政赔偿的构成要件，是指国家承担赔偿责任时必须具备的条件和标准。《国家赔偿法》第2条规定:“国家机关和国家机关工作人员违法行使职权侵犯公民、法人和其他组织的合法权益造成损害的,受害人有依照本法取得国家赔偿的权利。”可见,行政赔偿主要由四个要件构成:

一是主体要件。行政管理的职能主要是通过国家行政机关及其工作人员的管理活动来实现的,也只有国家机关及其工作人员对行政相对人的合法权益造成侵害的行为,才能引发行政赔偿,国家才负赔偿责任。根据我国《国家赔偿法》的规定,具备国家赔偿主体资格的有:侵权的行政机关;侵权的司法机关;法律、法规授权的组织;受行政机关委托的组织;侵权的公务员。

二是行为要件。行为要件是指行政机关及其工作人员在行使职权时,必须有对行政相对人合法权益造成侵害的违法行为的存在,否则,行政赔偿的客观事实就不具备。因此,行为要件具有如下特点:必须是执行职务的行为;必须是执行职务的行为违法,如缺乏事实根据和法律依据或主要事实不清、违反法定程序、超越职权、滥用职权、拒绝或拖延履行法定职责。

三是结果要件。所谓结果要件就是要有违法行为造成的损害结果。如损害的事实必须是现实的、确定的,即损害结果已经发生;损害结果是对行政相对人造成的直接损害,而不是间接损害和精神损害;是对人身权和财产权造成的损害。

四是因果关系要件。这是指违法职务行为和损害结果之间必须有因果关系,即对行政相对人造成的损害结果是由行政机关及其工作人员的职务违法行为引起的。

只有同时具备了以上四个条件,才能构成行政赔偿。

第四,行政赔偿的范围。行政赔偿的范围,是指国家对哪些行政行为造成的损害予以赔偿,对哪些损害不予赔偿,即国家承担赔偿责任的范围和界限。我国行政赔偿主要是对人身权和财产权遭受侵害进行的赔偿。

一是侵犯人身权的行政赔偿。人身权包括公民的人身自由权、人格权和身份权。人格权指生命健康权、姓名权、肖像权、名誉权等;身份权指荣誉权和婚姻自主权等。《国家赔偿法》第3条规定,行政机关有下列侵犯人身权的情形之一的,受害人有权要求赔偿,国家承担赔偿责任：违法拘留或者违法采取限制公民人身自由的行政强制措施的；非法拘禁或者以其他方法非法剥夺公民人身自由的；以殴打等暴力行为或者唆使他人以殴打等暴力行为造成公民身体伤害或者死亡的；违法使用武器、警械造成公民身体伤害或者死亡的；造成公民身体伤害或者死亡的其他违法行为。

二是对侵犯财产权的行政赔偿。财产权对公民个人而言，包括财产所有权、继承权、土地使用权和承包经营权、采矿权、宅基地使用权、租赁权、专利权和著作权等。对法人而言，包括企业经营自主权、不动产和动产所有权、土地使用权、采矿权、专利权、商标权、租赁权等。《国家赔偿法》第4条规定，行政机关及其工作人员在行使行政职权时有下列侵犯财产权情形之一，给公民、法人或其他组织的合法权益造成损失的，国家应当予以赔偿：违法实施罚款、吊销许可证和执照、责令停产停业、没收财物等行政处罚的；违法对财产采取查封、扣押、冻结等行政强制措施的；违反国家规定征收财物、摊派费用的；造成财产损害的其他违法行为。

还需说明的是，《国家赔偿法》第5条规定，国家不承担赔偿责任的情形，主要有：行政机关工作人员与行使职权无关的个人行为；因公民、法人或其他组织自己的行为致使损害发生的；法律规定的其他情形。最高人民法院《关于审理行政赔偿案件若干问题的规定》第6条对其他情形作了解释，即“公民、法人和其他组织以国防、外交等国家行为或者行政机关制定颁布行政法规、规章或者具有普遍约束力的决定、命令侵犯其合法权益造成损害为由，向人民法院提起行政赔偿诉讼的，人民法院不予受理”。

第五，行政赔偿程序。行政赔偿程序是指行政赔偿请求人提起行政赔偿请求，赔偿义务机关或人民法院依法处理行政赔偿争议的步骤、方式、顺序和时限的总和。

一是行政赔偿的提出。根据《行政诉讼法》和《国家赔偿法》等法律规定，我国行政赔偿分为两种途径：一种是单独就赔偿问题向行政机关及人民法院提出；另一种是在行政复议、行政诉讼中一并提起。不论哪一种行政赔偿提出途径，都允许提出数项赔偿请求。例如，行政机关违法行使职权，造成公民身体伤害的，可以请求赔偿医疗费、误工费，造成公民身体残疾并全部丧失劳动能力的，受害人还可以申请残疾赔偿金及对其抚养的人的生活费，等等。当然，如果损害是单一的，请求人只能就该项损害提出赔偿请求，不得就该损害造成的其他间接损失提出赔偿请求。

行政赔偿提出的形式是行政赔偿申请书。赔偿申请书是请求人向赔偿义务机关提出的主要书面材料，因此必须内容完整符合法定形式，语言简明，字迹工整，便于赔偿义务机关审查处理。行政赔偿申请书应载明下列事项：受害人的基本情况；具体的赔偿要求、事实根据和理由；赔偿义务机关；申请的时间。此外，《国家赔偿法》第32条规定，赔偿请求人请求国家赔偿的时效为两年，自国家机关及其工作人员行使职权时的行为被依法确认为违法之日起计算，但被羁押期间不计算在内。

二是行政赔偿义务机关的受案与处理。行政赔偿义务机关收到行政赔偿申请书之后，应进行审查，认为赔偿申请符合条件的，应当通知请求人，并在2个月内依法给予赔偿。逾期不予赔偿或者请求人对赔偿数额有异议的，请求人自期间届满之日起30日内向其上一级机关申请复议。复议机关应当自收到申请之日起2个月作出决定，赔偿申请人不服复议决定的，可以在收到复议决定之日起30日内向复议机关所在地的同级人民法院赔偿委员会申请作出赔偿决定；复议机关逾期不作决定的，赔偿请求人可以自期间届满之日起30日内向复议机关所在地的同级人民法院赔偿委员会请求作出赔偿决定。

三是行政赔偿诉讼。行政赔偿诉讼是特殊的诉讼形式。它是法院根据赔偿请求人的诉讼请求，依照行政诉讼程序和国家赔偿的基本原则裁判赔偿争议的活动。这个阶段，应当包括以下内容：

（1）起诉与受理。人民法院在收到行政赔偿起诉书后应进行审查，看当事人是否合格；是否有明确、具体的诉讼主张；是否有合法的起诉理由和事实根据；是否属于本法院的受案范围及管辖权限之内。人民法院根据审查结果，或者作出不予受理的裁定，或者在7日之内立案。如在接到行政赔偿起诉书后7日内不能明确可否受理的，应先行受理。在审理中发现不符合法定条件的，可裁定驳回起诉。行政赔偿请求人对人民法院不予受理或驳回裁定不服的，可自裁定书送达之日起10日内向上一级人民法院提起上诉。

（2）审理。对行政赔偿诉讼的审理适用公开审理、合议、两审终审、回避等制度，这与行政诉讼相同。行政赔偿诉讼与行政诉讼的不同之处在于：人民法院在坚持合法、自愿的前提下，可以就赔偿范围、赔偿方式和赔偿数额进行调解。调解不成的，由人民法院依法作出判决。人民法院根据审理结果作出调解或者判决，并分别制定行政赔偿调解书和行政赔偿判决书。

（3）执行。当事人必须如实履行行政赔偿判决、调解的有关内容。如果一方拒绝履行的，另一方可于法定期限内向人民法院申请执行。

四是行政追偿。行政追偿又称为行政求偿，指国家行政机关向请求人支付赔偿费用或履行赔偿义务后，依法责令有故意或重大过失的公务员或受委托的组织或个人，承担部分或者全部赔偿费用的制度。追偿人即赔偿义务机关，被追偿人即导致损害赔偿的公务员或行使委托行政权的组织和个人，包括以下几种情形。数人共同实施加害行为的，均为被追偿人；经合议的事项造成损害的，参与合议的均为被追偿人，反对最终决议者除外；法律、法规授权组织的公务人员实施侵权行为的，行为人为被追偿人；受行政机关委托行使行政权的组织内的成员实施的侵权行为，该受委托的行政机关或其他组织为被追偿人。行政追偿的实质是行政主体代表国家对有故意或重大过失的公务员及受委托的组织和个人行使行政处分权。追偿制度既可以保证受害人及时得到赔偿，避免因公务员资力薄弱难以向受害人支付足额赔偿的情形，又可以监督公务人员依法行政。

第七章

路要不断拓展和延伸

——依法行政的创新

加强依法行政理论研究和创新

进一步加强依法行政理论研究是全面推进依法行政的必然要求。实践基础上的理论创新是社会发展和变革的先导，全面推进依法行政迫切需要依法行政理论的支撑和指导。多年来，我国依法行政的实践发展很快，积累了许多宝贵经验，但依法行政的理论研究和符合中国实际的理论创新却相对滞后；新时期依法行政面临许多新情况、新问题，如依法行政与政治文明的关系问题，如何在制度上、体制上、机制上和工作方法上提高依法执政能力问题，如何做到维护法制统一、确保政令畅通问题等，都需要我们花大力气积极探索。因此，进一步加强依法行政理论研究，推进依法行政理论创新，用不断发展的科学理论指导不断发展的实践，已经成为当前推进依法行政、提高各级政府及其工作人员依法行政水平的一项迫切任务。因此，总结这些年来我国依法行政取得的基本经验，探讨依法行政中全局性、普遍性、规律性的问题，研究推进依法行政的目标、工作任务和完成任务的措施、方法和手段，为实现依法行政提供理论准备与智力支持。

第一，以中国特色社会主义理论体系为指导，坚持正确的政治方向，从理论与实践的结合上，推进依法行政理论创新。加强依法行政理论研究，推进依法行政理论创新，是摆在我们面前的一项艰巨任务。促进依法行政理论不断繁荣发展，必须遵循理论研究的自身规律，坚持解放思想、实事求是、与时俱进、理论联系实际，倡导不同学术观点的交流、辩论，鼓励理论创新。同时，必须看到，依法行政理论研究不只是学术研究工作，更是一项政治性、政策性很强的工作。在依法行政理论研究中，要以中国特色社会主义理论体系为指导，坚持宪法确立的基本原则，坚持正确的政治方向。中国特色社会主义理论体系，同马克思列宁主义、毛泽东思想一脉相承而又与时俱进的科学体系，是马克思主义在中国发展的最新成果，反映了我国最广大人民的共同意愿，体现了当今世界和中国发展的时代精神，显示了马克思主义科学理论的强大力量，是全党、全国人民在新世纪、新阶段继续团结奋斗的共同思想基础，是加强和改进党的建设、推进我国社会主义自我完善和发展的强大理论武器，是党必须长期坚持的指导思想。依法行政理论研究只有坚持以中国特色社会主义理论体系为指导，坚持社会主义方向，才能从全局上、发展上和本质上把握依法行政内在的规律性，解决依法行政理论研究中带普遍性、共同性的问题，才能坚持正确的政治方向；否则，就难免带有一定的盲目性，甚至走偏方向。

第二，坚持宪法的基本原则。宪法是国家的根本大法，它所规定的是国家的根本制度和根本任务、公民的基本权利和基本义务。全国各族人民、一切国家机关和武装力量、各政党和各社会团体、各企业事业组织，都必须以宪法为根本的活动准则。因此，依法治国，最根本的是依宪治国；依法行政，最根本的是依宪行政。各级政府是贯彻实施宪法的重要主体，都要把宪法作为根本的行为准则，严格按照法定权限和程序行使权力、履行职责，不折不扣地执行宪法的各项规定。所有政府工作人员都要学会并善于依法处理经济社会事务，提高依法行政能力。依法行政理论研究必须旗帜鲜明地坚持宪法确定的基本原则和基本制度。改革开放以来，我国经济、社会关系出现了四个多样化：经济成分和经济主体越来越多样化；社会生活方式越来越多样化；社会组织形式越来越多样化；就业岗位和就业形式越来越多样化。当今世界，各种法学思潮和法律文化共存，特别是一些西方国家千方百计通过兜售其民主观念和法治模式，来实现其“分化”、“西化”其他国家的图谋。在纷繁复杂的社会现象面前，如何透过现象看本质，妥善处理各方面的利益关系，确保我们的各项制度符合最广大人民群众的根本利益，最重要的一条就是必须时刻保持清醒的政治头脑，坚持正确的政治方向。从事依法行政理论研究，应当具有强烈的政治意识和高度的责任感。要坚持宪法确立的四项基本原则和国家的基本制度，从我国国家的性质、政权的组织形式和政权的运作目的出发，去研究依法行政理论。只有这样，才能确保理论的先进性、科学性，使依法行政理论真正成为指导依法行政实践的有力武器。

第三，坚持理论联系实际的学风，一切从实际出发。理论源于实践，理论的目的在于指导实践，只有同实践相结合，理论才有生命力。

依法行政理论研究，必须紧紧围绕我国依法行政的实践，总结我国社会生活的新变化和行政管理工作的新特点，研究各级政府在依法行政实践中遇到的新情况、新问题，将现实问题作为理论研究的起点和契机。做到理论与实践相结合，就要注意研究新情况，总结新经验，探索新理论，克服教条主义、经验主义。理论研究既源于实践，但又要高于实践；既要从实际出发，又不能迁就已经落后的现实、简单地解释现状。正确的态度应当是，从实际出发，既不能裹足不前，无所作为；也不能超前行事，急于求成。要将依法行政理论研究自觉地放到党和国家工作的大局中去思考和总结，创造出更多有价值、有现实意义的成果，更有效地服务各级政府的行政管理活动，使我们国家行政权的行使更加科学、合理。理论与实践相结合，需要理论工作者和实际工作者紧密配合。对实际工作者来说，这样有利于促进行政管理工作朝着理性化、科学化、规范化的方向发展；对理论工作者来说，有利于理论研究保持强大的生命力和时代感，从而更有效地服务于社会。

第四，坚持立足中国国情，参考并借鉴国外依法行政的理论。依法行政具有很强的实践性。一个国家的依法行政理论总是与其政治、经济和社会发展紧密相联系的。不同政府的行政管理实践千差万别，根据这些实践总结出来的理论也就不一样。在我国社会主义市场经济条件下，推进政府依法行政，是一项前无古人的伟大事业。这就决定了我们研究依法行政理论，要从我国的国情出发，把政府的行政管理活动作为研究的主要对象，从中找出带规律性的东西，形成符合时代要求的、有中国特点的理论成果。当然，依法行政理论作为一门科学，必然有符合客观规律的共同之处。因此，进行依法行政的理论创新，应当大胆研究、借鉴国外依法行政的理论。在研究、借鉴国外的依法行政理论时，一定要注意分析这些理论是在一种什么样的政治、经济背景下产生的，哪些我们可以借鉴，哪些不能借鉴，必须进行认真分析，决不能只看是什么，而不研究为什么。同时，还应当看到，我国的依法行政是在社会主义初级阶段的历史条件下推行的，我国的基本国情从根本上制约着依法行政的进程、状况和水平。中国的依法行政理论既不能落后于时代，又不能超越现阶段国情。一定要以我们正在做的事情为中心，着眼于对实际问题的理论思考，着眼于新的实践和新的发展，积极创造依法行政的新理论。

第五，坚持解放思想、与时俱进，不断推进理论创新。创新是改革的灵魂，创新使理论之树常青。近些年来，广大法学研究工作者坚持理论创新，对依法行政从不同角度进行了研究讨论，提出许多很有见地的观点，发表了许多很有理论深度和具有指导意义的文章，对依法行政的内涵和要求进行了认真的探讨，奉献了一批有深度、有新意的研究成果，为依法行政的实践提供了有力的理论支持。但是，从总体上看，重大理论创新成果还为数不多，依法行政实践中出现的许多现实问题我们还束手无策或者没有良策。实践永无止境，理论也应不断创新。在新世纪、新阶段，依法行政要有新进展，首先就要在理论上、观念上不断有所突破、有所创新。依法行政理论创新，就是要体现时代性、把握规律性、富于创造性。要扬弃旧的、过时的理论，探索、总结实践中产生的新的经验，不断在理论上有所发现、有所创新、有所前进，并通过理论创新推动制度创新，推动依法行政进程更快发展。

提高依法行政全局性、战略性、前瞻性

依法行政，是现代法治的一个重要概念，是现代行政管理和行政法的最重要原则，它包含的内容非常丰富。全面推进依法行政又是一个极其复杂的历史过程，新问题层出不穷。为此，需要调动理论界和实际部门各方面的积极性，整合宪法学、法理学、行政法学、行政学、社会学、伦理学等多个学科的研究力量，群策群力，积极探索依法行政理论的重大理论和实践问题。围绕十七大确定的“推进依法行政”的要求，当前尤其要注意加强依法行政全局性、战略性、前瞻性问题的理论研究，将依法行政工作中最急需解决的问题，作为依法行政理论研究的重点；集中力量抓重点、攻难点、出精品，提高理论质量，减少不必要的低水平重复研究，力争在依法行政理论研究的关键环节取得重大进展。从依法行政实践看，当前和今后一段时期需要加强研究的问题主要有以下方面：

第一，依法行政的基本理论。随着依法治国、依法行政进程的加快，学术界对依法行政基本理论的研究也不断深入，取得了许多成果。但是，在依法行政的内涵、原则与要求等一些问题上，也还存在不同看法，甚至可以说是见仁见智。适应依法治国、全面推进依法行政的新形势，需要抓紧对包括依法行政的含义、本质、原则等内容在内的依法行政基本原理进行研究，探讨依法行政与依法治国的关系，厘清社会主义市场经济条件下的行政权范围，探索社会主义市场经济条件下政府与市场的关系、政府管理与社会自律的关系、公权力与私权利的关系、行政权与司法权的关系、公平与效率的关系，建立符合我国行政管理实际的依法行政理论体系。

第二，依法行政的现状与展望。近些年来，我国社会主义法制建设取得了显著成就，依法治国、依法行政的进程不断加快。依法行政实践的经验与教训都是我们进一步推进依法行政的有益财富，在总结经验的基础上，把握依法行政的自身规律，才有可能加快依法行政进程。为此，需要认真回顾我国依法行政的实践，总结这些年来我国推进依法行政工作的基本经验，分析当前依法行政实践中存在的难点、重点问题以及存在问题的主要原因，研究依法行政所必需的外部环境保障，提出推进依法行政的长远目标、近期目标与推进依法行政的体制、机制、制度保障措施。

第三，依法行政与政府立法。党的十七大报告提出，“要坚持科学立法、民主立法，完善中国特色社会主义法律体系”。近年来，在各级政府的重视下，立法工作不断得到加强。随着中国特色社会主义法律体系的逐步完善，提高政府立法质量已经成为当务之急。提高政府立法质量，需要认真研究：一是把握立法时机，做到“当时而立法”；二是控制一事之微也要求有助于立法的“泛立法主义”，节制立法对社会的过度干预；三是科学划分行政法规与规章、部门规章与地方政府规章各自的权限范围；四是完善切实提高法律规范质量的机制，确保立法真正体现科学发展观，促成有利于经济社会科学发展的新的制度的生成；五是进一步完善立法工作程序，调动和发挥社会各方参与立法的积极性和创造性，提高社会公众对立法的参与程度；六是努力改进立法工作技术，提高法律、法规的可操作性，确保立法真正解决实际问题；此外，对政府机关制定的广泛适用的规范性文件，也要认真研究、科学规范其调整事项范围、制定程序与监督机制，以确保法制统一、政令畅通。

第四，依法行政与行政执法。“法贵在行”，现在，法律法规基本健全，更重要的是如何完善保障法律的实施。在我国，实施法律是所有国家机关的任务，但最重要、最关键的还是国家行政机关，行政执法状况如何，直接关系依法治国、依法行政能否实现。当前，随着政府职能向经济调节、市场监管、社会管理和公共服务转变，要抓紧研究行政执法的内容、范围、原则，明确行政执法的任务、功能；总结行政执法存在的主要问题，分析产生问题的主要原因，并提出解决问题的相应对策；针对行政机关乱执法仍很突出的问题，要下大力气认真研究改革现行行政执法体制，提高执法人员素质，规范行政许可、行政处罚、行政强制、行政收费等主要行政执法行为，完善行政程序制度，积极探索行政听证制度和促进当事人参与的其他机制；当前市场秩序较为混乱、重大安全事故时有发生、一些地方社会治安状况不好，解决这些问题需要认真研究市场经济条件下预防和制止违法行为的新机制、新措施、新办法，提出从制度上预防并减少行政执法过程中的地方和部门利益保护的切实可行的方案，解决行政机关消极履行职责、行政执法不作为的问题，确保令行禁止、违法必究。

第五，依法行政与行政监督。党的十七大报告提出，要抓紧制订行政管理体制改革总体方案，着力转变职能、理顺关系、优化结构、提高效能，形成权责一致、分工合理、决策科学、执行顺畅、监督有力的行政管理体制。党的十七大还特别强调：确保权力正确行使，必须让权力在阳光下运行，建立健全决策权、执行权、监督权既相互制约又相互协调的权力结构和运行机制，保证国家机关按照法定权限和程序行使权力、履行职责，提高政府工作透明度和公信力。按照十七大的要求，当前在对行政权力运行的监督方面，监督制度不完善、监督程序启动慢、监督机制缺少创新等问题的存在，影响了监督的实际效果。因此，要大力推进监督创新，研究提高监督的质量与效果：加强对行政自律和“他律”机制关系的研究，探索如何进一步完善内外结合的行政监督制度；研究推进并完善行政执法责任制、评议考核制与责任追究制的具体措施；完善备案审查制度，加强对行政机关抽象行政行为的监督；进一步完善行政复议制度，加强行政系统内部监督；畅通现有的监督渠道，使所有的行政执法活动都始终处于有效监督之下。

抓住重点、突破难点，推进依法行政

受历史的、现实的种种条件的限制和影响，我国现代民主法治遗产很少，干部、群众法治观念比较薄弱，政治体制改革的进一步推进有待时日，因而依法行政、建设法治政府目标的实现，还是一个长期艰巨的任务。因此，必须抓住重点、突破难点，推进法治政府建设，推进公务员依法行政能力的提高。

第一，以制约行政权和保护公民权为核心。依法行政的根本是人民和政府的关系问题，本质是政府以什么样的方式为民服务和谋利的问题，核心是行政权与公民权的关系问题。在这些方面，现代法治的发展趋势是，依法行政应当把依法治官、治权而不是治民、把保护公民权而不是行政权作为重点。因为法是民意，法是保护公民权的手段。民是国家的主体，公民权是国家权力之本、行政权力之源。人民政府应当始终是广大人民根本利益的忠实代表者和维护者，行政权力应当始终是为了保护和扩展公民权利而行使和运用。政府机关及其工作人员只有紧紧抓住依法行政的这个重点，通过行政决策、行政立法、行政执法、纠纷解决、权力监督、程序建设等主要环节建立起完备的行政法制体系，真正把依法治官、依法治权落到实处，真正把保护公民权、扩展公民权落到实处，做到以制约行政权来保护公民权，以扩展公民权来监督行政权，实现制约、监督行政权与保护、扩展公民权二者相互依存，共同推进，从而在更高层面上体现依法执政的本质。

第二，以强化公务员依法行政观念带动人民群众法治意识提高为着眼点。公务员是行政权的行使主体，是一切行政活动的实施者。他们依法行政观念的强弱，直接影响着依法行政的进程和效果。提高公务员依法行政的观念，使公务员在制度和法律的约束下自觉地依法办事，才能使依法行政走向良性发展轨道。否则，再好的制度和法律也会由于公务员的观念错位或水平低下受到影响。法学家韩非说过："国无常强，无常弱。奉法者强则国强，奉法者弱则国弱。"这句话今天看来也是很有道理的。从我国情况看，公务员的法治观念大多是强的或比较强的，但还存在参差不齐的问题，有法不依、执法不严、违法不究的问题仍时有发生，甚至野蛮执法、贪赃枉法等等情况也不少见。媒体多次披露有些地方城管执法人员野蛮执法，打伤人甚至打死人的事件，使人民群众的公民权甚至人身权得不到保障。全国各级纪检监察机关查办的大批案件，绝大多数也都与不依法行政有关。这严重损害了党和政府依法行政的形象。只有全体公务员在行政实践中，真正做到不唯权、不唯利、不唯上、只唯法，严格遵循合法行政，合理行政，程序正当，高效便民，诚实守信，权责统一这些依法行政的基本理念，才能真正成为名副其实的"奉法者"。只要我们的广大公务员严格依法行政，就一定能带动人民群众尊重法律、信守法律。这样，才能实现制度、法律强制力与人遵守法律的自觉性的有机结合和良性互动，从而实现建设社会主义法治国家的目标。

第三，以加强依法行政责任制为保障。责任是法律的生命，"违法不究"必然导致"有法不依、执法不严"。推进依法行政，建设法治政府，关键是要强化政府责任，使违法行为得到及时纠正，使违法者付出代价。这不仅可以彰显法律的尊严，而且可以增强法律的警示力和威慑力，在客观上起到预防违法行政效果。事实上，从我国法治发展的进程来看，每一次对违法者的惩处和制裁，都在一定程度上推进法治建设。因此，各级政府的行政首长要真正履行依法行政第一责任人的职责，坚持把推进本地区、本部门的经济社会发展与法治建设统一起来，加大对依法行政工作的领导力度，逐级逐事落实。要建立从中央到地方各级政府定期向本级人大及其常委会和上一级政府报告依法行政的情况和问题的制度，及时总结和推广依法行政的经验，及时发现和纠正依法行政中存在的突出问题。要全方位加强对政府依法行政的监督，包括人大监督、行政监督、政协监督、司法监督、新闻监督、社会监督以及严格考核、过错追究等制度和机制，对于违法行政的人员和事件，应严肃处理，并追究有关人员的责任。通过强有力的监督和责任追究，促使行政机关及其工作人员增强依法行政观念，提高依法行政能力。

创新依法行政原则

依法行政基本原则是行政法治的精髓和指导思想，是贯穿于行政法律关系和监督行政法律关系始终的根本法律规则。创新依法行政原则必须坚持：行政合法性原则、行政合理性原则、行政公正性原则。

第一，行政合法性原则。行政合法性原则是指行政机关进行管理活动必须严格遵守法律规定，否则就应当承担相应的法律责任。在任何一个推行法治的国家，行政合法性原则都是其法律制度的重要原则，在依法行政中具有不可替代的地位。行政合法性原则与行政合理性原则共同构筑了法治国家依法行政的根基。总结各国的共同点，根据我国具体情况，行政合法性原则有以下四个方面的具体要求：

一是任何行政职权都必须在法定的职权范围内行使。行政合法性原则要求行政主体在其法定的权限内行使职权，法定权限不容超越，“是否超越职权”是司法审查的一个重要标准。一般来讲，行政主体的法定职权有两种形式：一是由行政机关组织法以概括的方式划定各行政机关的职责范围；二是由单行的实体法特别规定某一具体事项由哪一行政主体管辖。1996 年 4 月通过的《行政处罚法》曾明确规定，实施行政处罚的行政主体必须是在其职权范围具有“行政处罚权”的行政主体，这是对职权法定最明确的规定。

二是任何行政职权的行使必须依据和遵守法律。依据法律行使职权是行政合法性原则为行政主体设定的一项义务或职责。职权和职责是统一的。行政合法性原则要求行政主体必须遵守现有的法律规定，作出行政行为必须于法有据，如果没有相应的法律规定，行政主体就不能作出相应的行政行为，即“无法律即无行政”。对于影响公民基本权利和义务的行政行为，尤其要有法律依据，这是依法行政的主要内容。这里所讲的依法的“法”，包括法律、法规、规章。“依法”的内容包括依法定权限、法定实体规则和法定程序，因为，行政合法性原则不仅是指合乎实体法，而且也应当合乎程序法。合乎程序法的实质在于制约行政实体权力的行使，保证行为程序公正而无偏私。

三是行政授权、委托必须有法律依据、符合法律要旨。行政职权的赋予与行使都由法律明文规定的机关承受。由于现代社会事物十分复杂，有时由其他组织代为执行法律可以节约社会资源，更好地处理一些技术性问题。在这种情况下，法律往往规定行政机关可以授权，或者将自己的一部分或全部职权委托给其他组织或个人行使。但是，行政授权和行政委托需有法律依据，并且只能依法定程序进行，不得违反法律要旨。

四是合理运用例外应急权。为了保障政府具有适应新情况和灵活作出反应的能力，法律亦需要在行使其职权时拥有一定的例外应急权。例外应急是指在某些特殊的紧急情况下，违反职权法定、依据法律、法律优位、法律保留、权责统一等方面规定的行政行为也可能成为合法行为。具体来说，就是在特定的紧急情况下，行政主体出于国家安全、社会秩序或公共利益的需要，行使紧急权力，以处理国家面临的或局部地区出现的非常事件。如2003年出现的“非典型性肺炎”和2004年的禽流感，国家为了防止这些流行病的扩散而采取的临时隔离措施等。这里，紧急权力的行使，从形式上看是非法的，从其法律后果看，可以暂时变更法律、中止法律的执行，甚至可以中止宪法某些条款的执行。例外应急的客观前提是特定紧急情况，指发生战争、内乱、暴力犯罪、自然灾害、瘟疫横行等；主观前提是行政主体必须从国家安全、社会秩序或公共利益的大局出发，而不是从狭隘的部门利益或个人利益出发。

例外应急是行政合法性的特殊性规定，而不是行政权的肆意扩展。但是例外应急权也最易被滥用，导致对国家、社会利益和对公民、法人组织的合法权益的损害，因此对例外应急权的行使必须加以严格控制。行政主体的例外应急权只能在法律或法律原则确认的范围内行使，必须同时符合四个条件：一是要符合法定条件，即存在明确无误的紧急危险。紧急权力只能在发生战争、内乱、暴力犯罪、自然灾害、瘟疫横行等紧急情况下行使。二是符合法定目的。紧急权力的行使必须是出于国家安全、社会秩序或公共利益的需要，符合行政目的，否则就会滥用权力。三是紧急权力的行使应该适当，应该将负面影响和损害控制在最小的程度和范围。四是要符合法定程序。紧急权力的行使必须依法经有关机关的批准，由有权机关宣布，非法定机关行使了紧急权力，事后应由有权机关予以确认。如果紧急情况下采取的措施发生持续的法律效率，还要经过立法机关的追认。五是应急行为应受有权机关的监督。总之，例外应急并没有脱离行政合法性原则，而是行政合法性原则中的特殊组成部分。

第二，行政合理性原则。行政合理性原则又称为适当行政原则，是指行政行为的内容要客观、适度、合乎理性。行政合理性原则是基于行政自由裁量权而产生的，所谓行政自由裁量权，是指行政主体基于行政目的和公共利益的考虑，在法定的原则、目的、精神、范围和幅度内，自行决定或自由选择自身行为的方式、种类和幅度的权力。依法行政所要求的并不是消除广泛的行政自由裁量权，而是法律应当能够控制它的行使、防止它的滥用。社会需要对行政自由裁量权设定一条法律底线，以保证行政权力受到监控，公民权利不受侵犯。这一条法律底线就是伴随着自由裁量权的出现和发展而确立起来的行政合理性原则。

行政合理性原则作为现代法治国家普遍适用的依法行政的基本原则，它有三层含义：一是正当性。行使权力的行为应当建立在正当考虑的基础上，即行政主体行使职权，在主观上必须出于正当的动机，在客观上符合正当的目的；二是平衡性。即要求行政主体在选择行政行为时，必须注意权利和义务、个人利益和国家利益之间的平衡；三是公平、适度，符合情理。如我国《行政处罚法》第52条规定：“当事人确有经济困难，需要延期或者分期缴纳罚款的，经当事人申请和行政机关批准，可以暂缓或者分期缴纳。”

第三，行政公正性原则。所谓公正，指公平正直、没有偏私。概括地说，行政公正原则是指行政机关的活动以及相关的制度对任何人都不偏不倚，公平正直，一视同仁。行政主体及其工作人员是人民的公仆，其行政权力是人民赋予的。因此，他们必须运用这种权力为人民服务，而不能利用此种权力为自身或与之有某种关系的个人、组织谋取私利。因此，行政主体应平等地对待任何相对人，不能厚此薄彼，不能凭某种关系或自己的好恶赋予某些人以特别的权利，加予某些人以特别的义务。行政公正包括三个方面的内容：

一是行政行为的公正性。首先是决策行为应该公正，要求政府在制定政策过程中应平等地分配各种权利和义务。为了保证行政决策的公正性，一方面，要允许受行政决策影响的公民提出各自的要求；另一方面，在行政决策形成之后，又要保持其一定的稳定性和连续性，不能为迁就长官意志或少数人的利益而朝令夕改、大变大动，这是行政公正的重要保证。其次，具体行为的公正性。行政人员为社会服务，理应对社会成员一视同仁，既不能因亲而优待，也不能因疏而冷漠；既不能因公民行贿而提供“优质”服务，也不能因公民未提供好处而拒绝服务或提供劣质服务。

二是行政程序的公正性。行政机关行使公共权力而为一定行为时，必须要遵循一定的法定程序，以避免为行政人员的主观随意性所决定。

三是行政制度和措施的公正性。行政机关为了有效地进行行政管理必然要确立一系列的制度和措施，行政主体和行政相对人在这些制度和措施面前应具有平等性。

创新依法行政路径

如何推进依法行政、如何加快建设法治政府，可能有很多不同的路径，但关键有以下四条：

第一，创新立法，尤其是创新规范政府行为、政府权力的法律。党的十七大报告提出，要坚持科学立法、民主立法，完善中国特色社会主义法律体系，这是十分必要的。目前，我国虽然已制定和颁布了行政复议法、行政诉讼法、国家赔偿法，以及规范政府行为的行政处罚法、行政许可法，但距离一个完备的行政法律体系还很远，现有的法律还不能完全适应建设法治国家的要求。一方面，如行政诉讼法、国家赔偿法等一些法律急需修改；另一方面，很多新法律需要制定，如行政程序法、行政编制法、行政组织法等等。尤其是行政程序法的制定更是刻不容缓。如有了行政许可法，可以通过非行政许可的审批项目来规避法律；有了行政处罚法，可以不用处罚，用其他行政措施来规避处罚法的要求。所以，必须通过科学民主的立法来解决政府机关、执法人员规避法律的一系列问题。而行政程序法，作为一个最低的程序标准，也是一个最全面的标准，不管什么样的行政活动，不管以什么方式实施行政活动，都必须遵循这一最基本的程序规则。程序法很重要，组织法也同样重要。我国行政管理体制改革进行了这么多次，每次机构改革都遗留了一些问题，事实上与立法缺陷是分不开的。由于缺乏推动改革的立法，难免就会影响改革的稳定性，改革成果也难以得到保障和延续。

第二，创新执法。我们制定了很多的法律，但是大量的法律都被束之高阁，没有得到有效的实施。原因很复杂，既有人的因素，也有体制的限制，还有法律本身缺乏可操作性，立法不够科学、不够合理的原因。党的十七大报告明确提出，“加强宪法和法律实施，坚持公民在法律面前一律平等，维护社会公平正义，维护社会主义法制的统一、尊严、权威”，应该说，法律实施问题是目前法治国家建设的一大难点。

要保证法律的实施，需要做到以下三点：

首先，要提高行政机关公务人员特别是领导干部的法治观念。法治观念的强弱，在一定程度上决定了法律能否得到有效实施。要加强对公务员进行社会主义法治理念的教育，使其充分认识法的意义、执法的必要性、违法的危害性。同时在给公务员灌输法治观念的时候，必须通过法治实践，通过一些制度性的安排，促使其提高依法行政的水平和能力。

其次，提高立法的质量。立法是执法的前提，如果法律本身质量不高，再严格的执法也不会有好的效果。在看到我国立法质量不断提高的同时，也要看到立法质量还有待提高的一面。在目前情况下，我们的立法有时是绕着矛盾走，有的立法一看有矛盾就写得抽象一点、概括一点，留着以后慢慢解决。这种立法观念是造成某些法律法规质量低下的一个重要原因，而法律法规质量低下又是造成执法实践中效果不佳的重要原因。因为法律本身的作用就是确定规则，解决问题，如果法律最后都变成了很虚的、很抽象的，甚至只有某种倡导意义的，而没有约束力的条文，那它就不成其为法了，自然也就难以执行，更谈不到严格执法的问题。

最后，解决好法与权的关系问题。现在，有些官员的行政行为不对法律负责，而是对任命他的上级领导负责，这就造成法律不如法规，法规不如规章，规章不如规范性文件，规范性文件又不如某个领导的意志。之所以产生这种不正常的现象，说到底是由于在政府的绩效评价体系、官员的选拔任用等一系列人事管理体制以及问责制等制度的实施过程中，存在着较为突出的问题，而问题的本质是权大于法。要真正把法置于至高无上的地位，切实保证法律的实施，就必须解决与之相适应的一系列体制上的弊端。

第三，创新司法监督。我们一直强调推进依法行政、建设法治政府的核心是要树立司法权威，保证司法对行政机关的有效监督。因为行政机关自动地规范自己的行为，是依法行政的基本前提。但只靠这一点往往是不够的，还要有外力的监督，尽管这种外力有时候可能显得不是那么常规，不是那么令人接受，但是它确实有这个作用。而监督行政机关、规范它们的行为，司法介入的作用最明显。但前提是司法要有权威性，要公正。如果司法不公正，又缺乏权威，就起不到监督的作用。

党的十七大报告提出："深化司法体制改革，保证审判机关、检察机关依法独立公正地行使审判权、检察权。"保证司法的独立性、公正性、权威性，首先是行政机关不能干预司法。从目前来看，行政机关干预司法具体表现在人、财、物这几方面掌握控制权。所以，在人事上、在财政上、在硬件设施上，行政机关要减少，甚至杜绝对司法机关、司法人员的干预，保证司法机关能够独立行使审判权。很多法治国家的实践证明，没有一套公正的、享有极大权威的司法体系，就不可能有法治社会和法治国家。

十多年来的依法治国实践已经为推进依法行政、建设法治政府奠定了重要基础，未来建设的关键还是要找准发力点，切实解决好依法行政这个依法治国的核心问题，加快推动社会主义法治国家的建设进程。

提高政府公信力

依法行政能力创新，最终目的是增强政府在实践中依法行政的执行力。而政府的执行力，不是政府单方面的行政行为，而是需要政府与行政相对人的默契配合。试想，如果一个政府有政令不能有效地得到行政相对人的理解、接受和支持，那么政府工作的推进会遇到极大的阻力，甚至会半途而废。而政府依法行政行为要得到行政相对人的理解、支持，需要政府在社会上有极强的公信力。因此，政府公信力的高低，在一定程度上决定着政府依法行政能力创新能否实现。

政府公信力，是政府依法行政能力在公众心中的综合评价，是公众对政府提供的公共服务的满意度，也是政府对公众的凝聚力和动员力的重要决定因素。政府公信力不但反映政府履行职责的实际效果，还极大地影响着政策法规的执行力度，影响经济社会的稳定发展。如果政府公信力缺失，那么再科学的政策，再严格的法律，也不会得到群众的信任。应当看到，目前政府的公信力实际上在很多时候都遇到挑战。比如在改革过程中，每当一个改革措施尽管可能还只是一种建议，还没有在实践中开始实施，可是人们就开始怀疑这种改革会不会带来腐败行为，会在多大程度上带来腐败行为，会使哪些人易发腐败行为；这种改革能在多大程度上向前推进，是否真得能达到预期效果。之所以产生这样一种现象，就是因为有的地方政府的确存在着公信力严重缺失的问题，各种各样的假话、空话说得太多了而做得太少了，对群众的允诺太多了而兑现的太少了。

如前两年被媒体炒得火热的“华南虎照”，经过近9个月的鉴定，终于将原本看似皆大欢喜的生态发现活动，还原成为有关人员涉嫌诈骗的违法犯罪行为。在这个过程中有些政府部门及其领导干部起了推波助澜的作用。正因为如此，在“华南虎照”事件爆出不久，人们关注的焦点就已经从对照片造假的技术追问，转向了对相关政府部门诸多行为的质疑。这就表明，个别人在照片上弄虚作假并不是问题的关键，重要的是政府该不该去默认这种行为，该不该“采信”这种效果未定的证据，该不该如此心急火燎地邀功行赏。因此，照片的真假从开始之初就关系到对政府公信力的评价。除此之外，在程序意义上，伤害公信力的不仅是作为关键证据的真实性，更在于事件之中有关部门缄默不语的态度，因为这种态度在一定程度上反映出相关政府部门对造假行为的默认。

从一些地方政府的公信力缺失来看，主要表现在政府政策缺乏连续性、稳定性不强，有些地方大建形象工程，部分行政行为的合法、透明性不够，有些地方政府及其执法部门不能公正地、一视同仁地对待行政相对人，甚至有些政府部门为了狭隘的地区利益、部门利益等局部利益而不作为或乱作为，等等。这些问题的存在，损害了公众对有关行政行为合法性、合理性的认同，对政府部门开展工作带来不少障碍，损害了政府形象。

因此，要恢复有关政府部门的形象，让公众对其有信心，就要求政府部门做到“公而有信”，依法行政。不论在决策过程中、还是在具体行政行为中，都要在法治的框架内做到公平、公正、公开，而且要说到做到，诚实守信。各级政府及部门必须带头维护宪法和法律的权威，严格依照宪法和法律规定的权限和程序行使权力、履行职责；加强行政立法，健全行政责任体系，强化政府法律责任机制，要严惩权力腐败和克服官僚主义。要保证政府应是负责任的政府，无论是否出现公共危机，政府都应当履行职责，言而有信，政策要相对稳定。对于公共危机，政府更应当果断、及时地回应公民的要求。要努力建设服务型政府，必须以公共利益最大化为追求目标，努力提高政府部门服务质量和效率，自觉高效地为公民提供公共物品和公共服务，提高政府行政绩效公信力。要改革和完善行政决策机制，努力提高决策的科学化、民主化水平，加大力度推进阳光行政和依法行政，拓展群众参与政府决策的途径，提高政府行政过程公信力。

健全适合我国国情的行政权制约机制

各级政府所掌握的行政权，是宪法和法律赋予国家行政机关管理国家经济、政治、文化和社会事务的最重要的国家权力，具有管理领域广、自由裁量度大、以国家强制力保证行使等突出特点。由此决定了行政权既是与公民、法人切身利益最密切相关的一种国家权力，又是最动态、最容易违法或被滥用的一种国家权力。同时，随着社会的进步，一国当中需要管理的经济、政治、文化和社会事务也越来越多，从而使行政权力的膨胀也有了越来越多的可能性和必要性。如不对其进行强有力的制约和监督，就有可能膨胀为恣意妄为的权杖。因此，制约和监督权力的核心，首先的和重点的应当是制约和监督行政权。这是在政府依法执政能力创新中必须给予高度重视的一个关键性问题。

从我国的实际来看，建立和健全适合我国国情的行政权制约机制，是建立社会主义市场经济体制和依法治国、依法行政过程中面临的一项重大而又紧迫的任务。

早在1978年12月13日，邓小平同志在《解放思想，实事求是，团结一致向前看》的著名讲话中就十分深刻地指出了法制与民主的关系以及法制的重要作用，指出：为了保障人民民主，必须加强法制。必须使民主制度化、法律化，使这种制度和法律不因领导人的改变而改变，不因领导人的看法和注意力的改变而改变。1980年8月18日，在《党和国家领导制度的改革》这一名篇中，邓小平同志又结合我们党新中国成立以来所发生的错误，对建立和健全法律制度的重大意义作了更加全面和更加透彻的阐述。他指出：我们过去发生的各种错误，固然与某些领导人的思想、作风有关，但是组织制度、工作制度方面的问题更重要。这些方面的制度好可以使坏人无法任意横行，制度不好可以使好人无法充分做好事。……我们今天再不健全社会主义制度，人们就会说，为什么资本主义制度所能解决的一些问题，社会主义制度反而不能解决呢？最后邓小平同志极其精辟地总结到：领导制度、组织制度问题带有根本性、全局性、稳定性和长期性。这种制度问题，关系到党和国家是否改变颜色，必须引起全党的高度重视。

江泽民同志对制约和监督权力问题说得更加明确。1996 年，江泽民同志《在中央纪委第二次全会上的讲话》中指出：干部权力越大，责任就越大，对他们运用权力的行为就越应当严格监督。1997 年，在十五大报告中江泽民同志进一步强调：要加强对各级干部特别是领导干部的监督，防止滥用权力，严惩执法犯法、贪赃枉法。特别强调：一切行政机关都必须依法行政，切实保障公民权利，实行执法责任制和评议考核制。

党的十六大以来，我们党对社会主义法治建设，特别是法治政府建设提出了更高的要求。在党的十七大报告中，胡锦涛总书记把“依法治国基本方略深入落实，全社会法制观念进一步增强，法治政府建设取得新成效，政府提供基本公共服务能力显著增强”作为实现全面建设小康社会奋斗目标的新要求向全党明确提出，把“坚持依法治国基本方略，树立社会主义法治理念，实现国家各项工作法治化，保障公民合法权益，推进社会主义民主政治制度化、规范化、程序化，为党和国家长治久安提供政治和法律制度保障”作为一项重要任务加以强调。这都体现了以胡锦涛同志为总书记的党中央对建设社会主义法治国家、法治政府的高度重视。

总结我国改革开放以来、中华人民共和国成立以来，乃至国家和政府产生以来制约行政权的全部经验，要最大限度地遏制和防止行政权力的滥用与腐败，就必须全面、彻底地实行社会主义市场经济，建立有限权力政府；就必须毫不动摇地推进人治政府向法治政府的转变，建立遵循正当程序政府和责任政府；就必须坚持依法治国，建设社会主义法治国家。而建设法治国家、法治政府的关键之点，就是要健全适合我国国情的行政权制约机制。

第一，要建设有限权力的政府。就是要把政府的行政权应当管什么、不应当管什么严格界定在法律的范围之内，以法律控制行政权。只有这样，才能促使政府依法行政，权力机关、司法机关、民主团体、新闻媒体以及人民群众依法监督政府行使行政权力，形成政府行政权力体内的自我约束和体外的有效监督，避免或减少行政权力的无限膨胀和滥用。

第二，要建设按程序行政的政府。对行政权的制约除了以法律来严格界定其应当管什么、不应当管什么之外，还要以法律来界定行政权应当怎么管、不应当怎么管的问题。在这方面，最为重要的就是行政权的行使，不是掌握行政权的某个部门、行使行政权的某个人可以随心所欲，而是要遵守科学、正当的行政程序。科学正当的行政程序则必须体现公平、公开、公正的“三公”原则。公平，即公民、法人与行政机关在行政过程中法律地位应当平等，应当建立听证、协商、沟通等保证公民平等参与行政行为的各项制度，并制定统一的行政程序法典；公开，即增加行政行为的公开性和透明度，充分发挥“阳光”这一最好的防腐剂的作用；公正，即保证行政行为的合理性和行政程序的正当性。这“三公”可以说是政府行政机关及其工作人员依法行政的出发点和归宿。

第三，要建设负责任的政府。建设负责任的政府，其基本要旨是政府的行政决策和行政行为，要对人民群众负责、对国家和民族的发展负责。这就决定了政府必须依法行政，而不能按照政府自身的意愿行政，更不能按照具体行使行政权的个体的意愿行政。因此，首先要明确规定政府在从事特定的合法行为情形之下所应负的政治责任、行政责任、法律责任和道德责任，同时，也要明确规定政府如果违法失职、滥用职权造成严重损失时所应承担的政治责任、行政责任、法律责任和道德责任。为此，要建立健全政府及其工作人员依法行政行为规范，要建立健全政府首长和组成人员在重大违法失职、滥用职权等情形下引咎辞职的政治责任制度，要健全国家公务员因个人违法失职、滥用职权、贪污腐败必须受到行政处分的行政责任制度，要健全行政机关因违法失职、滥用职权、从事特定的合法行为损害公民、法人合法权益而引起行政行为被撤销、变更、责令重作、损害赔偿或补偿的法律责任制度以及在此过程中国家公务员因故意或重大过失导致违法侵害发生而对国家的赔偿责任和个人应承担的刑事责任制度，要建立行政机关和国家公务员因轻微违法失职或官僚主义等而向公民、法人赔礼道歉的道义责任制度。只有这样，才能增强政府行政的责任心、使命感，建成负责任的政府。

借鉴西方国家依法行政的做法

各国政府依法行政的实践，都是从各国特定的土壤和环境之中形成和发展起来的，因而都带有鲜明的个性特征，但同时又不可避免地有着某些共性，因而又是可以借鉴的。我们在提高依法行政能力创新方面，也有必要借鉴国外特别是法制比较健全的西方国家的一些做法，使之与我国的国情相结合，创新出适合我国国情的依法行政新举措，推进我国政府及其公务员依法行政能力的创新和提升。

第一，西方国家依法行政的共同演变趋势。西方各国依法行政模式差异极大，个性特色鲜明。但在依法行政这一点上却有着一致性的共识。正是这样多样化中的共识的存在，才使我们有可能借鉴西方国家依法行政的经验。概括起来，西方国家依法行政的共同演变趋势：一是依法行政的范围逐步扩大，二是依法行政的价值取向趋于权利保护和公益维护并重，三是依法行政的程序逐步走向法治化，四是依法行政的司法控制日益严格，五是依法行政的手段多样化，六是依法行政的救济体系日趋完备。正是这种共同趋势，使依法行政围绕着人性尊严的实现而展开、变化和发展，使消极的依法行政变为积极的依法行政。

第二，西方依法行政对我国依法行政的启示。在中国如何实现在法治的基本道路上，我们既反对“全盘西化”的观点，即认为现代法治是西方的产物，中国只有全部照搬和移植西方的法律制度才有可能实现法治，亦反对“全盘本土化”的观点，即以不符合中国国情为由，拒绝借鉴西方数千年的法治成果，要完全闭门造车走自己的法治之路。西方国家的法治经历了漫长的演化历程，在此期间，许多制度理念和制度模式经过了试验和检验，能够保留下来的思想资源和制度形态是有其一定合理性和科学性的，从中选取可资借鉴的内容，可以使我们少走弯路，节省摸索和试验的成本。

一是行政权要在管制功能上减弱，服务功能上加强。西方国家为了使行政权有效地运转和提供充分的给付，授予行政机关广泛的自由裁量权和准立法权、准司法权。从总体上看，西方行政权侧重于从宏观上的调控，政企分离，政事分开，政社分开。改革开放以来，我国进行了行政体制改革，提出了建设服务型政府的目标。因此，我国的依法行政，必须贯彻以人为本、执政为民的理念，防止行政权功能错位、缺位和滥用，在依法行政的实践中，减弱行政权的管制功能，加强行政权的服务功能和给付功能；在加强行政权宏观调控功能的同时，在微观上收缩行政权，使行政权从企业、事业、社会中撤退，还权于企业、事业和社会，充分调动各个方面的积极因素。

二是行政权的运行要用行政程序法来规范，公务员行使行政权要用公务员法来规范。行政权的有效行使要靠人按照相关程序，因此建设一支高素质的保管员队伍是关键。西方国家为了规范行政权的行使，普遍建立起了以“自然公正”和“正当程序”原则为核心的行政程序制度，以及以素质优良、职业保障、职务分类、严格监督为核心的现代公务员制度，从而使行政行为程序化、公开化，使公务员廉洁高效地行使行政权。我国是一个有着“重实体轻程序”传统的国家，行政程序法治化、公开化的水平较低。虽然《行政处罚法》的颁布，树立了我国行政程序法治化的里程碑；虽然我国已经建立了庞大的公务员队伍，但整体而言，依法行政的程序观念尚需要强化，公务员素质尚需继续提高，公务员制度尚需进一步健全。因此，我国在实行依法行政的过程中，应大力推动行政程序的法治化、公开化，保障公民的行政知情权和直接参与权；建立一支廉洁、高效、勤政、务实的公务员队伍，为依法行政奠定扎实的根基。

三是行政自由裁量权的扩大是必要的，但须加强对自由裁量权的司法审查。由于行政权所调解的社会关系的复杂性和社会公益的多样化，为了有效地维护公益，必须赋予行政主体广泛的自由裁量权，赋予行政主体广泛的活动空间。但同时，也必须对这种自由裁量权加强司法审查，也就是说这种自由裁量绝对不是绝对的自由，以防止行政权力的滥用。这是西方国家的共同做法。我国《行政诉讼法》也规定，对滥用的行政自由裁量权，人民法院可以判决撤销。如果行政权力失去控制，危害无穷。因此，我们应当在实践中大力推动司法审查与行政自由裁量权之间的良性运转。

四是建立健全救济制度，不断完善救济体系。西方国家为了推行依法行政，对因行政权违法或不当行使而遭受侵犯的行政相对人提供了有效的权利救济途径，普遍建立了较完备的救济体系：既有司法救济，又有行政救济；既有事前、事中救济，又有事后救济；既有正式程序救济，又有非正式程序救济。必要的救济是依法行政的根本保障。无救济即无权利；无有效救济即无真实权利。有效救济的标准是：救济类型多样化，救济依据明确化，救济范围扩大化，救济标准合理化，救济实现真实化。我国为了推行依法行政，也已构架了救济体系，先后制定了《行政诉讼法》、《国家赔偿法》、《行政复议法》等重要法律，创设了司法救济、国家赔偿救济、行政救济和信访救济等救济形式。但我国依法行政起步晚，起点低，各种救济形式尚不够完善，且运行的效果还不能令人满意。因此，我国依法行政应进一步完善司法救济，加强行政救济，改进国家赔偿制度，形成完善和谐、相互配套的救济体系。同时，还需在有法可依的前提下，做到有法必依、执法必严，违法必究，真正把各项救济制度落到实处，切实保障社会公共利益不受侵害。

后　记

看过这本书，希望每一位读者，尤其是领导干部能在提高“依法行政能力”方面有所受益。当然，这本书只是提供一些思路，具体问题的解决还必须因时、因地、因事、因人而定。在本书的编写过程中，曾参阅了许多文献，吸取了众多学者的研究成果，尤其是直接引用了一些案例，我们在此不一一列举，特表示衷心的感谢。本书由孙庆聚总主编，张荣臣、李勇进、谢英芬主编，本卷由谢英芬、吉龙华著。李勇进、陈明珍、张有福、李鹏飞、李剑文、陈伟、李治、阮兴文、洪涵、李帆涛、杨红英等同志研究写作提纲，提出修改意见，并通过多种渠道帮助收集材料、打印资料。特别说明的是，凡是书中注明出处的材料大多有所删节、并略作整理，没有注明出处的材料请不要“对号入座”；所有材料的引用仅在说明本书的观点。由于作者水平有限，再加上时间紧、任务重，出现许多不足和错误之处在所难免，还望大家批评指正和多提宝贵意见。

作　者

2010 年 11 月

图书在版编目（CIP）数据

提高领导干部依法行政能力/谢英芬，吉龙华著．—北京：中国方正出版社，2010.11

（新时期领导干部能力建设丛书）

ISBN 978－7－80216－685－1

Ⅰ.①提… Ⅱ.①谢…②吉… Ⅲ.①行政执法—中国—干部教育—学习参考资料 Ⅳ.①D922.114

中国版本图书馆 CIP 数据核字（2010）第 206745 号

新时期领导干部能力建设丛书

提高领导干部依法行政能力

总主编 孙庆聚

主　编 张荣臣　谢英芬　李勇进

著 谢英芬　吉龙华

责任编辑： 康　弘　安乐明

责任校对： 张　蓉

出版发行： 中国方正出版社

（北京市西城区平安里西大街 41 号　邮编：100813）

发行部：（010）66560938　门市部：（010）66562733

编辑部：（010）59596602　出版部：（010）66510958

网址：www.FZpress.com.cn

责编 E－mail：anleming@126.com

经　　销： 新华书店

印　　刷： 北京外文印刷厂

开　　本： 787 毫米×960 毫米　1/16

印　　张： 13.75

字　　数： 186 千字

版　　次： 2011 年 1 月第 1 版　2011 年 1 月北京第 1 次印刷

ISBN 978－7－80216－685－1　　定价：30.00 元
